Problem&Polemic

PP選書

Problem&Polemic

| 課題と争点 |

市場・国家・資本主義

東京新聞
『本音のコラム』から

竹田茂夫
Takeda
Shigeo

批評社

はじめに
――市場のイメージ

毎日、膨大なニュースがわれわれの頭上を通り過ぎていく。だが、ニュースが伝える「大きな状況」や「小さな事件」がどのように日々の生活と結びついているか、なかなか見通し難い。

日々の買い物や仕事などは、現代の最も基本的な社会制度である市場の中で営まれている。輸入食品は安価で消費者にとってはありがたいが、安全性はどうか。日本の農業は世界の大規模な農業や畜産業に対抗できるのか。それとも、国際的に評価される特産品を除いて日本の農業は衰退しても構わないのか。米国などの大規模農業の現場でも環境汚染や農薬漬け・動物の薬漬けなどの問題が指摘されているが、日本の消費者はどう対応すべきか。

世界の多くの先進国で問題となっているさまざまな形の非正規雇用も、労働の一層の市場化を推し進める。これは歓迎すべき事態なのか、それとも不安定な雇用は個人と社会にとって憂慮すべき傾向なのか。

子供ができないと諦めていたカップルにも、不妊治療技術の進歩のおかげで道が開けてきた。難病に苦しんでいた者も、臓器移植によって生き延びるチャンスが生まれている。そこで、卵子や代理母サービスや臓器を提供する人に充分な金銭的報酬を保証してあげればよいのではないか、という議論が出てくる。ただし、外国へ出かけて体外受精や代理母などの方法で子供を授かるにはかなりの金額を用意しなければならない。臓器移植手術をするにも多額のお金が必要となる。不妊治療や臓器移植に市場原理を採用することはよいのか、悪いのか。

このように市場に関するわれわれのイメージは混乱している。

世界の経済や歴史へ視点を広げてみても、市場のイメージは収束しない。一方で、市場化とグローバル化は世界の貧困の問題を短期間に解決できるように見える。社会主義経済制度の下で発展途上国から抜け出せなかった中国は、一九七〇年代末の「改革開放」の劇的な市場経済化によって、今では米国と肩を並べる経済大国に変貌した。さらに市場化を推進すれば、貧困というグローバルな問題を解決できるものと喧伝されている。

他方、十五世紀以降の西欧諸国によるアジア・アフリカの植民地化や南北アメリカの近代奴隷制の歴史は、市場原理とさまざまな形で現れる暴力や抑圧との関連を強く示唆する。たとえば、たばこ・綿・砂糖・紅茶・コーヒーなどの世界商品や、それを可能にした奴隷貿易や奴隷制プランテーションは、市場の遠隔作用、つまり世界各地の人々をグローバルに結合する市場のちからに依存してきた。今なお、奴隷労働や強圧的な労働を強いられている人々もいる。

現代の日本を見ても、所得や資産や教育機会の格差や、不安定な非正規雇用などは制御されない市場原理のもたらしたものと理解されている。

経済学はこのような問いに答えるべき学問と思われるかもしれない。だが、現代経済学は市場イメージの混乱を拡大する。個々の研究には多くの優れたものがあるが、経済学を学んでも市場の統一的な像は浮かんでこない。

現代経済学は、開祖の傍論的比喩――市場は「神の見えざる手」を通して、人々の利己的欲望を縫い合わせて社会的調和を実現する――を「資源配分の効率性」と再定義して教義の中心に据える。所得分配の問題を経済学の守備範囲から除外した上で、実際の市場のアノマリーを「市場の失敗」と名付けて個別の政策的課題へ格下げしてしまう。その結果、根本的な思考や洞察は滑り落ちてしまう。

私は現代経済学に足りないものは十分に明確になっていると考えている。権力と構造と歴史感覚である。われわれが日々、非正規雇用や職場の階層秩序で経験しているように、市場交換とは相互利益のための自発的行為であると同時にミクロ権力の行使の場であり、市場交換の幾重にも重なった構造が「神の見えざる手」の機能を果たす場合もあれば、逆に「意図せざる巨大な暴力」として作用する場合もある。歴史は、市場や国家にまつわる多くの「見えざる手」と「巨大な暴力」の実例を提供している。

ここに集めたのは、このような問題意識に基づいて、二〇一一年二月から二〇一七年一二月まで、週一回のペースで東京新聞の特報面に掲載した「本音のコラム」から六割ほどを再録したものである。コラムを書いている際には、膨大なニュースの波に乗って巧みに身を操るよりも、兆候から本質を探るために、海の底へ潜航することを心掛けたつもりである。

再録にあたってすべてに目を通した。言葉の足らざるところを補ったり、タイトルや本文に変更を加えたりした箇所もある。コラムの後に☞をつけて、解説や文献案内や補注とした。

PP選書［Problem & Polemic：課題と争点］

市場・国家・資本主義

——東京新聞『本音のコラム』から＊目次

I　市場

市場原理と資本主義——18

企業——47

経済学——60

II　国家・戦争・ファシズム

国家と国境――76

戦争――90

ファシズム――108

深層国家――115

III 新自由主義

新自由主義の理念と現実――122

欧州の実験――137

欧州共同体

英国労働党

IV 環境

原発―――180

公害と農業―――209

V 歴史と経験

記憶と記録――222

労働・雇用・生活――231

VI
展望

正義と責任

社会運動・コモンズ

I 市場

市場原理と資本主義

◉市場原理（2011. 11. 17）

規制緩和も民営化も、小泉流構造改革もＴＰＰも社会を市場原理で再編することが狙いだ。「神の見えざる手」や自由貿易の定理などを持ち出さずに、市場原理をこう理解したい。

モノやヒトやコト（事象や社会関係）を背景から切り取り、流動化して別のものと置き換える作用として。「切り取り、置き換える」対象はなんでもいいことが市場原理のミソだ。日用品、日常生活（家事・育児・介護・余暇等）、企業組織や企業間関係、労働と雇用、抽象的な権利（親権・排出権・周波数帯）、果ては身体やその機能さえ商品化される（臓器売買や人身売買）。市場原理を具現するのが貨幣と契約の両輪で、推進役がグローバルに商売を手がける大企業だ。市場原理は経済発展を通じて社会や自然やヒトの心や体まで変える力をもっている。

分かりやすいのは雇用の例だ。数年前（二〇〇六年）、第一次安倍内閣のときに「労働ビッグバン」が提案された。過保護の正社員の権利を非正規レベルまで引き下げて、企業が柔軟に雇用・解雇できるようにするというものだ。まさに全労働力を切り取り・置き換え可能なものにするという提案だ。だが、市場原理が作用するときには必ず反作用が生じる。売り渡せない物はだれにでもあるし、コミュニティ原理（助け合い・分かち合い）は市場原理と真っ向からぶつかる。

●革新の裏側（2012. 2. 2）

この年末年始、世界中でアップル社の新製品が爆発的に売れて、同社の株価時価総額を世界一へ押し上げた。

昨年死んだ創業者ジョブズ氏への賛歌はいまだ鳴り止まない。米国西海岸の対抗文化の中で育った大学のドロップアウトが、波乱の人生を通じて企業家精神を身につけ、画期的な製品で巨額利潤に導いたという成功物語だ。

他方、製品を作っている労働者の惨状が数年前から報道され始めたが、先週のニューヨーク・タイムズの記事には反響が大きい。受託生産大手の富士康集団は成都・重慶・深圳などに巨大工場をもち、中国政府の支援のもと、全体で百二十万人の雇用を提供する。

富士康工場は低賃金、異常な長時間労働、危険な労働環境、軍隊式の労働者管理など、スウェットショップ（苦汗労働工場）そのものだ。アイフォーンの輝く筐体はアルミを削って作るが、粉塵は労働者の健康を害し、時に爆発を起こして死者を出す。競争力は生産のフレキシビリティに負っているが、それは労働者には苛酷な労働条件を意味する。

情報技術の革新は大きな潜在力をもつ。たとえば、中国の抑圧的「国家資本主義」が変わるとすれば、ネットが喚起する世論によってであろう。だが、革新や消費者主権の裏側にある現実から目をそむけるべきではない。

☞ Charles Duhigg et al., "In China, Human Costs are Built into an iPad," New York Times, Jan. 25, 2012.

◉構造的暴力（2012. 4. 19）

個別の利潤追求が市場のなかでうまく織り合わされて、社会的善が実現するというのが「神の見えざる手」の理屈だ。この図式の陰画は、個人の小さな悪が積み重なり、システム全体として巨大な不正を行うという「構造的暴力」であろう。

歴代の東電経営者、官僚、御用学者らの個々の行為・不作為の陳腐さと、福島の事故の歴史的な重さの際立った対照は、原発は構造的暴力であることを意味する。エネルギー産業のもつ巨大な経済権力を背景に、東電は構造的暴力を行使してきたのだ。

時として、巨大企業の構造的暴力は直接的暴力に姿を変える。ナチのユダヤ人収容所で奴隷労働を使い、絶滅のための毒ガスを生産した独企業ＩＧファルベン、ニジェール河デルタ地帯で原油生産への抵抗を排除するために、軍事政権に残虐な住民抑圧をやらせたシェル石油、同じくミャンマー軍事政権の下で住民抑圧を働きかけたシェブロン石油、等々。原発事故も住民の生活と大地を根こそぎ奪い取る直接的暴力といえる。

世界の原発メーカーの三大グループのいずれにも日本企業が入っている。一度、途上国などで原発事故が起きれば日本企業は加害者の側に立つことになる。原発輸出とは、いつ直接的暴力に転化しないとも限らない危ういビジネスなのだ。

◉市場の限界(2012. 5. 17)

マイケル・サンデル氏は超人気の哲学教授で、「白熱教室」では颯爽とした姿を見せる。市場原理は現代社会の隅々に入り込んでいるが、「強制」と「腐敗」という二つの重大な欠陥があると氏は主張する。選択の自由がたてまえの市場だが、貧窮して自分の腎臓を売るしかない途上国の人々は状況に強制されている。万人の権利のはずの医療や教育を富裕層が優先的に享受すれば、神聖な権利は変質してしまう。氏は近著でも米国の驚くべき実例を次々に挙げている。米国のなかで氏は勇気ある少数派で、その議論も傾聴に値する。

だが、隔靴掻痒の感を否めない。欧州連合ではCO_2削減のため、排出権を事業所ごとに配分して過不足を互いに売買している。氏はこれを非道徳的と非難するが、その前に排出権の配分・測定・監視等の仕組みはうまくいかないことを指摘するべきだ。譲渡可能な漁獲割当(ITQ)も同じだ。

カネのある者が市場取引でも政治的影響力でも有利になるという、経済権力の問題も付いて回る。市場の強制や腐敗はマクロの場面で構造化しているのだ。さらに消費者には商品の有用性と価格だけが大切で、生産・労働・流通の実態に無関心で済む。確かに市場は情報効率的だが、それは消費者の孤立と無関心の裏面でしかない。

☞サンデル氏の議論が隔靴掻痒なのは、市場原理を倫理的観点から断罪する前に、ミクロの契約や交渉の場とマクロの構造的暴力の面で、その具体的メカニズムを十分に解明しているとはいえないからだ。市場原理がどのように人間と社会の基底から立ち上がってくるかという問題意識も希薄であり、最終的には個別の問題で市場原理が適切かどうかとか、それを採用するべきか否かという疑似的選択の問題に解消してしまうように思われる。

◉周回遅れの市場主義（2012. 11. 1）

リーマン・ショック以降、市場重視の経済学者でも多くが従来の常識を疑い始めている。その第一は、規制緩和で稼ぎ頭の企業や個人を存分に活躍させれば、下層も経済活性化の恩恵に与るという「トリクルダウン（おこぼれ）経済学」だ。第二は、米国や日本のような成熟した経済では金融部門が経済を引っ張るという「金融立国論」。第三は、労働市場の流動化で雇用も所得も拡大するという「雇用流動化」だ。

米国では金融危機の責任をとるべき大銀行が逆に税金投入で救済され、おこぼれ経済学と雇用流動化は低賃金の非正規雇用を増やし、中産階級を没落させて社会全体の格差拡大に寄与した。市場原理主義の先頭に立ってきた国際通貨基金や保守派週刊誌の英国エコノミストも、今では世界的な格差拡大を懸念し、成長への悪影響を論じている。米国大統領選では格差が重要な論争点になっている。

日本はどうか。かつて小泉改革を主導して挫折した経済学者が、今度は超保守勢力の下でさらに徹底した改革を狙っている。政府の強権で教育や行政に競争原理を導入し、生活保護などの福祉を効率化する（つまり切り捨てる）ことを公約に掲げている勢力だ。

世界的に見て日本はすでに格差の大きい社会だ。これ以上、格差を拡大してどうしようというのか。

◉チープ・シックの裏側（2013. 5. 30）

先月末のバングラデシュの縫製工場倒壊の犠牲者は千百人を越えた。半年前には首都ダッカ近郊の工場火災で百十人以上が命を落とした。ほとんどが地方出身の若い女性たちだ。同国の縫製産業は、欧米の有名ブランドのサプライ・チェーン末端を構成して稼ぎ頭の輸出産業となり、中国に次いで世界第二位。だが、労働条件は劣悪を極め、防火設備のない違法建築のビルに数社の下請け工場が同居するといった状況だ。

賃金も月に約四十ドルであり、到底「生活賃金」に達しない。連続する悲惨な事故の背景には、政治家と産業界の結託による労働運動の抑圧がある。昨年四月、労働運動の若き指導者が拷問の上、虐殺されるという事件があった。米国の圧力にもかかわらず捜査は進展していない。

今回の大事故で欧州のアパレル各社や大手小売は重い腰を上げ、法的拘束力のある「協約」を結んで厳格な工場視察を行うという。だが、ウォルマートやGAPといった米国の同業者は「協約」署名を拒否している。今回の事故に不可解な沈黙を守ってきたユニクロもようやく取材に応じたが、協約には煮え切らない態度をとっている。

消費者もチープ・シック（安くて粋）な商品は大きな犠牲の上に成り立っていることを知るべきだ。

☞米国のウォルマートやGAPは欧州勢の「協約」とは別に、自主規制同盟を立ち上げた。ユニクロは後に欧州側の「協約」に参加した。

◉「労働は商品ではない」（2013. 9. 19）

第二次大戦終息の前年にILO（国際労働機関）総会で、労働の尊厳、労働者の団結権、貧困解消のための連帯などを謳ったフィラデルフィア宣言が採択された。コラム表題はその第一条である。

欧州の社会法の泰斗アラン・シュピオ氏は近著（未訳）で、サッチャー・レーガン以降の新自由主義の攻撃に揺らぐ欧州福祉国家の現実を踏まえて、改めてこの宣言の現代的意義を強調する。氏によれば、二〇世紀に人間は総力戦や全体主義の原材料と化したが、今日の全面的市場（トータル・マーケット）では人間は利潤を生む資本（人的資本）に擬せられるか、必要に応じて調達すべき労働力商品になる。各国は、労働の規制緩和等で法制度まで売り物にしてグローバル企業の歓心を買おうとする。

だが、全面市場のグローバル化は押しとどめられない歴史の歯車や自然現象ではない。市場とは本来、法によって規制するべきものだからだ。規制されない市場の帰結はリーマン・ショックで明らかだ。

日本でも第一次安倍政権で雇用流動化のための労働ビッグバンが提案されてから、事あるごとに正社員の既得権益や労働市場の硬直性が攻撃されてきた。最近、著名経営者が解雇自由、つまり労働法の契約法への解消を提言した。再び労働を市場取引の商品にしようというのだ。

☞アラン・シュピオ氏の近著。

Alain Supiot, *The Spirit of Philadelphia: Social Justice vs. the Total Market*, Verso, 2012.

シュピオ氏と逆に労働の商品化を肯定するのが、新自由主義への信仰告白を隠さない経済学者、八代尚宏氏である。「今日、労働は再び商品になった」云々。

●知と経済権力（2013. 8. 15）

世界的な製薬大手の日本法人が、薬の臨床試験でデータ操作をして推定四〇〇億円程度までの不正な利益を得ていたことが明るみに出た。製薬業界と医学研究の怪しげな関係が相次いで報道されて、「企業と研究者は襟を正せ」式の議論が行われている。だが、復活した原子力ムラで国民が思い知らされたように、問題は倫理より構造なのだ。

市場経済は利潤追求という強力なエンジンで突き動かされている。私利の追求は「神の見えざる手」に導かれて全体の利益になるどころか、このエンジンは経済の領域を超えて政治や法に介入しメディアや学問を支配しようとする。薬の知的財産権を強調し過ぎれば後発薬が違法とされて途上国の貧困層に入手不能になる、つまり人の命にかかわるのは自明なのに、製薬大手はそんなことはお構いなしだ。

カネの力は個々の研究から社会観まで広く深く知の世界に浸透する。次期連銀議長に取沙汰されているL・サマーズ氏は、回転ドア（官民双方向の人材流用）の慣行がいきわたっている米国でも特にウォール街との関係が深いとされる。個別企業や金融業のための利益誘導だけが問題なのではない。一九九〇年代から金融の規制緩和を主導して住宅バブルを引き起こした氏の考え方そのものが、俎上に載せられている。

☞二〇一三年六月ごろに事件は発覚した。スイスの製薬大手ノバルティスの降圧剤の臨床試験で、同社の元社員が身元を隠して統計解析を担当していた。五大学の臨床試験で、ノバルティスに有利なデータの改竄や捏造が疑われている。裁判は二〇一七年十月現在、高裁レベルで継続中。

製薬業界の体質は、途上国の多くのエイズ患者の犠牲を顧みず、エイズ治療薬の知的財産権を守ろうとした訴訟に見ることができる。第三章「新自由主義」の「格差と福祉」の節の「人の命と薬の特許」(2013. 5. 23)を参照。

◉金融危機の教訓(2013. 10. 3)

史上最大のバブルの崩壊を刻印するリーマン・ショックから五年。震源地の米国ではいまだに金融改革法が具体化せず、欧州では余波が続く。どんな教訓を引き出すべきか。

まず、かつての五大投資銀行に象徴される米国型直接金融の効率性幻想が払拭された。利潤機会や資産評価を時価会計に正確に映し出し、金融仲介を円滑に行う市場原理に基づいた金融という幻想だ。バブル崩壊と金融の機能停止(流動性枯渇)で露呈したのは、有害金融商品を生み出した証券化の不透明性だけでない。リスク分散どころか、金融を巨大なカジノに変えた金融業界の貪欲と視野狭窄、略奪的貸付などで顧客を食い物にして恥じないウォール街の文化が指弾されている。最近も有力銀行の投機的商品取引が問題となっている。市場では商品や信用がやり取りされるだけではない。規制されない市場取引は、同時に貪欲や無思慮の模倣や伝染、経済権力の通路にもなる。

もうひとつの教訓は自立する市場経済という虚構だ。日本でも米国でも欧州でも、国債発行による財政出動で辛うじて国民経済を支え、政府と中央銀行は銀行へ資本注入し、民間債務を買い入れて国家の債務に付け替える。つまり、市場経済を背後で支えるのは適切な市場規制と国民経済への危うい信頼なのだ。

◉市場神話と価格操作（2014.2.13）

市場価格は需給で決まるという言い方がある。生産技術・人々の嗜好やリスク選好・将来の見通しなどの分散した情報が需給として集約され、価格に過不足なく織り込まれる。情報効率的な市場で不偏で公正な価格が決まるというわけだ。

だが、これは教科書だけで通用する話だ。価格は自然現象ではなく、だれかが特定の方法で決めているはず。制度の詳細や関係者の交渉力格差が必ず問題となる。たとえば、暗黒の月曜日（一九八七年十月十九日）の突然の株価暴落は不可解な現象とされ、研究者は「市場の微細構造」に踏み込むようになった。その後、金融危機やバブルを経て市場への信頼は大きく揺らいでいる。

この二、三年で明るみに出たのは違法な価格操作だ。世界中の金融取引の基準となる「ロンドン銀行間取引金利」が、実はトレーダーの談合で十年間不正に操られていた。巨額な金融取引だけに、僅かな金利差が大きな利害に結びつく。公正や正確さより銀行の利益が優先されたのだ。外国為替市場でも談合がある。米国では電力・原油・金属の取引でＪＰモルガンのような巨大銀行が価格操作をしていたことも発覚した。

絶えざる監視の下で初めて市場は公正をなんとか確保できる。市場を「神の見えざる手」に擬する比喩は罪が深い。もう卒業すべき時だ。

☞市場原理が不正な取引や詐欺的行為を伴うことについては筆者の論文を参照。竹田茂夫「市場は幻惑する――経済危機と市場の本質」、金子他編著『社会はどう壊れていて、いかに取り戻すのか』同友館（二〇一四年）所収。

◉企業・消費複合体（2014. 3. 20）

かつて米国でも鶏肉は贅沢品で小さな養鶏場で生産していた。一九六〇年代以降、業界は吸収合併と統合を繰り返し、今では生産・加工・流通を少数の巨大企業が支配する。商品は安価で大量に出回るが、社会的コストは看過できない。飼料から食肉への転換率を最大化するために、早く大きく胸肉がつく品種を選び、狭い鶏舎に閉じ込め、抗生物質を大量投与する。大きい胸肉のため転んでしまう鶏も珍しくない。農民は巨大企業との契約でがんじがらめ。世話をする鶏さえ企業の所有物だ。経営を諦める人が続出して地域のコミュニティは崩壊していく。

農業記者による『食肉商売』（未訳）は、養鶏で味をしめた巨大企業が養豚や牛の飼養にも進出して成功を収めた経緯を物語る。残酷な「集中飼養」の実態も改めて報告している。

別の著者の『致死的だが合法』（未訳）は食品・タバコ・製薬・小銃等の業界をとりあげ、巨大企業が科学者・政治家・地域を取りこんで、米国人の消費生活を不健康で危険な方向へ操作していることを企業・消費複合体と呼んで告発する。

商品のブランド化を目指す日本流の農業市場化は、米国式の大規模化ではない。だが、株式会社の農業参入が万能薬であるかのような論議がいかに誤っているか、米国から学ぶべきだ。

☞『食肉商売』

Christopher Leonard, *The Meat Racket: The Secret Takeover of America's Food Business*, Simon & Shuster, 2014.

『致死的だが合法』

Nicholas Freudenberg, *Lethal but Legal: Corporations, Consumption and Protecting Public Heath*, Oxford Univ. Press, 2014.

◉近代工業の栄光と悲惨（2014. 5. 1）

富岡製糸場が世界遺産に選ばれるという。だが、和食、富士山、そして富岡といわんばかりの受け止め方には違和感がある。

富岡製糸場は、明治初期の国家による採算を度外視した最先端事業であり、その優れた労働環境は一時的なものだった。十九世紀が終わる頃には、細井和喜蔵の『女工哀史』や山本茂美の『あゝ野麦峠』が活写する苛酷な工場労働が広がりつつあった。富岡が民営化され労働が厳しくなるのもその頃だ。殖産興業の栄光の産業史は前近代的な労働条件に耐えた民衆の生活史から切り離せない。

二〇世紀初頭に温情主義経営の鐘紡や倉紡が紡績労働の改善に乗り出したのは、そのような背景があったからだ。同時期、米国の工場でも親方が日雇い移民労働者を罵声と暴力で駆り立てたが、見かねた社会事業家や慈善家の努力で、漸く一九二〇年代に一部の大企業で米国流の福祉資本主義が生まれた（ジャコービィ『会社荘園制』北海道大学出版会、一九九九年）。

苛酷な工場労働は昔の話ではない。一年前、バングラデシュで安全基準を無視した工場ビルが倒壊し、千人以上の労働者が犠牲になった。多くは若い女性だ。先進国のファッションは途上国に産業と雇用を提供するが、国際的監視や実効ある労働規制や労働者の抵抗がなければ、構造的暴力を振るうことになる。

●グローバルな臓器市場（2014. 5. 15）

日本では法的にも国民感情からも問題外だが、米国では断続的に臓器売買の提案が行われてきた。移植医、哲学者、法学者、経済学者らが見解を表明している。生体移植も可能な腎臓について提案が多い。

背景には、人工透析をしながら移植を待つ患者が十万人いるのに、年間の移植手術は一万七千件程しかないという現実がある。米国の法律が前提とする善意のドナーだけに頼っていては、救える患者が死んでいくというのだ。

臓器売買に関する見解表明はおのずから思想やイデオロギーを明らかにする。先日逝去した経済学者ベッカーの最も極端な腎臓商品化の提案（腎臓の市場価格を試算している）から、年金や税控除を対価として払うというマイルドな提案、社会的にも医学的にも不利な立場の黒人患者のために献体（死体）移植だけを認めようとする苦渋の議論もある（グッドウィン『闇市場』未訳）。

臓器商品化への批判も多い。主要な論点は二つある。報酬を求める腎臓提供が善意のドナーを駆逐してしまう可能性だ。善意のつもりがカネ目当てと誤解されてはたまらないというわけだ。

もうひとつは臓器市場が途上国貧困層に及ぼす構造的効果だ。臓器が高値で売れるとなれば黒い手が動き始め、グローバルな臓器市場がますます拡大する。

☞『闇市場』

Michele Goodwin, *Black Markets: The Supply and Demand of Body Parts*, Cambridge Univ. Press, 2006.

◉奴隷制（2014. 7. 10）

トーマス・ジェファソン（米国第三代大統領）は、起草した米国独立宣言で生命、自由、幸福追求は天賦の人権と宣言した。他方、百三十人もの奴隷を所有する大富豪でもあった。

奴隷制は綿花などのプランテーションで米国の経済を支えていただけでなく、社会制度の基礎でもあった。名門のハーバード法律大学院は奴隷売却の資金で創設された。搾取、拷問、リンチの奴隷制の現実と米国建国の理念の深刻な矛盾は明らかで、ジェファソンも矛盾を自覚していた。

負の遺産は今でも黒人差別として残り、奴隷制から利益を得た国家や企業は歴史的賠償をすべきだという議論も続いている。

先月、英国の有力紙が衝撃的な報道を行った。シーフードは年間七千億円以上を稼ぐタイの重要な輸出産業だが、洋上の漁船でミャンマーからの出稼ぎ労働者などが人身売買と強制労働で奴隷扱いされ、逆らう者は殺されるという。警察は賄賂をもらって見て見ぬふり。漁獲は現地資本のCPフーズなどで魚粉に加工されて養殖エビの飼料となる。エビは欧米の巨大小売チェーンに輸出される。日本も輸入している。

グローバルなサプライ・チェーン末端で何が起きているか、先進国の消費者には見通しがたい。声を上げなければわれわれは自覚しないまま奴隷制支持者となる。

☞タイ水産業に関する報道。

Kate Hodal and Chris Kelly, "Trafficked into slavery on Thai trawlers to catch food for prawns," the Guardian, June 14, 2014.

●暴力と資本主義（2015. 2. 26）

ハーバード大学で長年「米国資本主義の歴史」を教えるS・ベッカート氏の近著『綿の帝国』（未訳）は括目すべき大作だ。膨大な資料を基に綿（綿花・木綿）を通して五大陸にわたる資本主義の歴史を展開する。焦点を二つに絞ろう。

まず、資本主義の暴力性だ。現代経済学では市場参入で当事者全員の利得が向上すると教えるが、実態はまるで違う。産業革命によって原料の綿花需要が急増したことで、その一大生産拠点になった米国南部では、土地を土着部族から奪い、輸入奴隷を労働力に充当して、プランテーションの市場収益性が確保されたのだ。さらに南北アメリカ植民地化の際のジェノサイド（民族大量虐殺）、大航海時代の私掠船、武装した東インド会社等によるアジアの植民地化など、歴史は暴力に溢れている。著者は奴隷制や強制労働等の暴力は資本主義の歴史的逸脱ではなく、その中核だとさえいう。

第二点。資本主義の本質は土地・労働力・技術等の絶えざる新結合だが、現代の大手アパレル製造販売は、国境を越えて生産関係を再編しコスト削減を図る。先進国から中国へ、中国から最貧国へ工場は移る。その結果が一昨年のバングラの縫製工場ビルの倒壊だ。

中央アジアの児童労働などの問題も無視できない。現代資本主義の暴力は市場原理と企業組織を通して、意図せざる結果として生じる。

☞『綿の帝国』

Sven Beckert, *Empire of Cotton: A Global History*, Alfred Knopf, 2014.

◉製薬業界の裏側（2015. 6. 11）

一昨年、外資系製薬大手の大ヒット薬で不正が発覚した。大学の臨床試験の論文で、降圧剤の売上拡大のために重大な改竄が行われたのだ。データ解析を一手に引き受けていた製薬大手の社員が不正に手を染めたという。日本の製薬最大手や東大病院でも同種の問題が明るみに出て、製薬会社が統計処理だけでなく資金面からも臨床試験に深く関与する悪弊をうかがわせる。背景には「エビデンス（根拠）に基づいた医療」への信仰を利用して医療を利潤追求の場に変えてしまう業界の体質がある。

海外ではどうか。D・ヒーリー『抗うつ薬の功罪』（みすず書房、二〇〇五年）は内情をよく伝えている。製薬業界丸抱えの精神医学の世界にいた著者が、臨床経験や論文の検討を重ねるうちに、ある種の抗うつ剤が患者の自殺率を高めることに気付き、次第に戦闘的な批判者に変身していく過程が描かれている。市場原理に身を売った米国医療の腐敗ぶりには驚かされる。権威ある専門誌の論文には製薬会社系列のゴーストライターの手になるものが多くあり、生の臨床データは私有物として公開しない、高級ホテルでのプレゼンは業界がお膳立てする、等々。

オバマ政権が党内の反対をよそに環太平洋連携協定（ＴＰＰ）を推進するのも、アジアで大儲けを狙う製薬業界が後ろに控えているのが本当の理由なのか。

●内なる資本主義（2016. 1. 21）

資本主義はその本性を毎日のように見せつける。グローバルには格差拡大や地球温暖化、眼前では非正社員の使い捨てや弱小バス会社に人命軽視を事実上強制する競争圧力など、その力は抗いがたい。

歴史学の泰斗Ｆ・ブローデルの『物質文明・経済・資本主義』（全六冊、みすず書房、一九八五－一九九九年）はこう説明する。慣行に従う小規模な市場から、安く買って高く売る商人資本（ミクロ資本主義）が出現し、ついには資本主義は政治権力と結びついて、秘儀に通じた者の特権的ゲームとして投機に乗り出す（金融工学を駆使するウォール街の銀行を見よ）。現代では利潤計算を社会の隅々にまで、人の心にまで浸透させようとする。

こんな資本主義から公正な市場制度を救い出そうとする議論が出てくるのも当然だ。情報とエネルギーの一極集中から地方分散へ、大量生産から地産地消へ転換を図る場合に、地域の生業（たとえば里山の営み）や現代のコモンズは昔の入会地と異なり、幾重もの連携を外部（行政、専門家、ボランティア活動で貢献する都市住民など）と持つ必要がある。ネットを通じた地域の特産品の全国販売などは、全国の消費者と直接に連携しようとする試みだが、市場原理の応用と考えることができる。

だが、問題は生業が利潤追求へ内側から変質してしまう可能性だ。農作物のブランド化や富裕層向けの輸出が日本農業の再生策と喧伝されているが、利潤動機に直面して連帯や協力や持続可能性はどう維持できるのか。

明るい未来を語るだけでは足りない。資本主義の底辺でどう社会防衛を図るのかが問われている。

●生殖医療と商品化（2016．4．7）

昨年、他人の人工授精に卵子を提供した米国人女性が、報酬が低すぎるとして集団訴訟を起こした。報酬は卵子の対価ではなく、提供者の苦痛の補償とする倫理規定で上限があるからだが、実態は違う。大学内で「高身長で勉学にもスポーツにも秀でた女性」へ数百万円相当で卵子を求める広告が出されるなど、独仏や日本と異なり米国の多くの州では卵子売買や商業的代理母は野放しだ。

受精・妊娠・出産・育児という連続した過程が医療技術で分解可能になると、子育て願望と健康リスク無視の利得願望を結びつける仲介業が現われ一大産業となる。卵子、胚、妊娠・出産の労働、親権等が商品になるのだ。卵子提供者、代理母、親権者の三人の母親を持つ子どもも出てくる。

米国では商品化の現実に押されて、法的規制と部分的解禁を求める主張が勢いを増す。卵子提供や代理母契約は市場取引と贈与の中間であり、報酬は利他的行為への「お礼」とする議論もある（「法と社会規範」派）。

医療の革新で堰を切られた「子供を持ちたい」という願望は、大きな渦となって医療現場だけでなく人々の家族観や生命観まで変える力をもつ。同時に、女性身体の商品化、困窮女性の搾取、神聖な「授かりもの」の商品への引下げ等の問題が突きつけられる。

☞集団訴訟に関しては

Tamar Lewin, "Egg Donors Challenge Pay Rates, Saying They Shortchange Women," New York Times, Oct. 16, 2015

一九七〇年代に米国の法学研究で親権売買の問題を論じたのが、ミクロ経済学を法学に応用する「法と経済学」派であった。その後、これをBaby Sellingとして批判したのが、「批判的法学研究」や「法と社会規範」派の研究者である。下記の論文集に、養子制度や親権売買や生殖に関する権利について、「法と社会規範」派の研究者が寄稿している。

Michele B. Goodwin (ed.), *Baby Markets: Money and the New Politics of Creating Families*, Cambridge Univ. Press, 2010.

◉市場原理と連帯原理（2016. 6. 2）

腎臓病患者に善意で自分の腎臓を提供したいと思うドナーにとって、血液型の相違や抗体が移植手術の障害となる。だが、患者とドナーを数多く集めれば適合する組合せが出てくる。ドナーの提供を受けた患者の家族などが、今度は自分の腎臓を第三者に無償で提供することが続けば、移植の連鎖で多くの患者が救われる。米国には腎臓交換プログラムがすでに複数ある。

A・ロス教授の『フー・ゲッツ・ホワット』(日本経済新聞社、二〇一六年)はこのようなマッチングを解説した好著だが、次の三点を明確にすべきだ。これは貨幣仲介と利潤追求が特徴の市場原理ではない。市場では検察や公取がルールの裏をかく輩を取り締まる必要があるが、腎臓交換の場合にはルール違反が直ちに露見して仲間集団の批判に曝されるか、違反への誘因が初めから存在しない。この点ではコモンズ(共有権レジーム)と同じだ。

ロス教授は、臓器売買への「反感」が根強いので、次善の策として利他的交換を提案するかのような口吻だが、臓器売買反対論はグローバルな構造的差別を踏まえた冷静な議論だ。

同書の解説に経済学が「現実問題に具体的処方箋を書く」と謳っているが、交換プログラムを立ち上げたのは患者家族や医師などの当事者たちだ。上から目線の経済学はいただけない。

☞臓器移植や臓器売買は生命倫理や経済学に多くの問題を投げかける。特に、腎臓は献体移植(脳死状態や死体からの移植)だけでなく生体移植も可能であることや、移植手術を待つ重症患者が毎年多数死ぬことから、現行の臓器売買禁止に関して論争を巻き起こしている。

下記のNYTの記事は、ある米国人が自分の娘の腎臓移植手術の際に、なかなか腎臓提供者を見つけることができなかった体験をきっかけにして、二〇〇七年に全米腎臓登録所を設立し、複雑な条件をクリアしたうえで提供者と移植患者を引き合わせるアルゴリズムを開発したことを報じている。

この記事では、利他主義的な臓器提供と移植手術の連鎖によって、三十人の患者が三十人の提供者から腎臓をうけとった例を挙げている。

ロス教授Alvin E. Roth はすでに八〇年代から、ゲーム理論の中でマッチングと呼ばれる分野を研究し始め、インターンの病院への就職市場や上の記事で報じられたような腎臓移植チェーンの研究で二〇一二年にノーベル経済学賞を得た。

注意すべきは、インターン就職市場でも、腎臓移植チェーンでも、まず当事者らが必要に迫られて制度を作り出し、経済学者は事後的に理論的検討を加えたという経緯である。理論家が白紙の状態から制度設計をしたわけではない。

経済学者の中でも上からの制度設計を評価するものは、臓器売買や売春といった「市場取引」に対して多くの人々がもつ「反感」は不合理なものに見えるようである。ロス教授はこの「反感」自体の可否を論じないで、いわば制度設計上の制約条件として解釈して理論を進めるといった方法をとっている。

だが、たとえば文化人類学を専攻するNancy Scheper-Hughes氏（ＵＣＬＡ教授）は、グローバルな医療観光の実態調査から、腎臓の流通は「南から北へ、東から西へ、有色人種から白人へ、貧乏人から金持ちへ、女性から男性へ」行われると論じて、腎臓売買という「市場取引」が決して、交渉力の等しい二者の間の契約関係に解消できないこと、つまり市場取引は権力構造のなかに埋め込まれていると論じている。

Kevin Sack, "60 Lives, 30 Kidneys, All Linked," New York Times, Feb. 18, 2012; Alvin Roth, "The Evolution of the Labor Market for Medical Interns and Residents: A Case

Study in Game Theory," *Journal of Political Economy* 92-6, Dec. 1984; Alvin Roth, "Repugnance as a Constraint on Markets," *Journal of Economic Perspectives* 21-3, Summer 2007; Nancy Scheper-Hughes, "The Ends of the Body: Commodity Fetishism and the Global Traffic in Organs," *SAIS Review* 22-1 (Winter-Spring 2002); Nancy Scheper-Hughes, "The market for human organs is destroying lives," Washington Post, Jan. 5, 2016.

◉資本主義の夢（2016. 8. 25）

二〇世紀初頭、ヘンリー・フォードは自動車生産の革新で、世界を席巻する産業資本主義の原理を編み出した。熟練労働の単純動作への分解やベルトコンベヤー方式等の効率的生産と、労働者のやる気と購買力を支える高賃金を結びつけた大量生産・大量消費の仕組みだ（後に職場統治は暴力による恐怖支配に変質する）。T型フォードは千五百万台以上売れた。

ただ、生産のネックになったのは欧州勢が独占するゴムだった。彼は南米アマゾン流域の広大な土地（米国の小さな州に匹敵する）を民営植民地として獲得し、ゴムの木の大量植樹に乗り出す。

だが、生態系の無視による甚大な病虫害や、米国の価値観に反抗する労働者の暴動で植樹が失敗を繰り返す中で、米国中部の小都市の自然と調和する生活様式や社会資本をそのまま熱帯雨林に移植することに目的が変わっていく（グランディン『フォードランディア』未訳）。結局、ゴム生産はほとんど行われずに同社は撤退する。

その後、産業資本主義と分厚い中産階級は新自由主義と格差拡大に変わったが、今尚残る廃墟、フォード流里山資本主義の夢の跡は多くを語りかける。成功した事業だけで評価されがちな企業家の素顔、資本による自然支配の危うさ、解き放った資本主義を田園の理想で封じ込めることの困難、等々。

☞『フォードランディア』

Greg Grandin, *Fordlandia: The Rise and Fall of Henry Ford's Forgotten Jungle City*, Icon Books, 2010.

◉露出の欲望（2016. 9. 22）

先月、欧州連合（EU）はアップル社の未払い分の税金、約一兆五千億円を徴収するようにアイルランド政府に命じた。同社の巧妙な租税回避策への懲罰だが、法人税減税でグローバル企業を誘い込む国家戦略への警告でもある。

EUはすでにグーグルにも競争法違反の嫌疑を通告している。アマゾンやフェイスブックも同様の問題を抱える。いずれも株価時価総額で世界のトップ5位までに入る大企業だ。背景にはネットワーク効果で独占利潤を得ても、雇用にも成長にも税収にも貢献しない企業への反感の広がりがある。

だが、これは経済権力の氷山の一角に過ぎない。これらの企業は事業で集めた膨大なデータを消費の誘導やニュースの選択や無断の社会実験（一昨年のフェイスブックの例）に使うだけではない。ビッグデータは他企業や広告業界や税務当局や警察にまで流れる。われわれの発言や移動や買い物や読書傾向や思想までも分析・監視・操作の対象となる。

なぜ、このような事態を許しているのか。異色の法学者、B・ハーコート氏の近著『露出状態』（未訳）は、断片化した自分の情報をネットで露呈して他人と繋がりたいという欲望が根源にあるという。ネット上の無数の人びとの半ば無意識の一挙手一投足が経済権力を支えているのだ。

☞『露出状態』

Bernard E. Harcourt, *Exposed: Desire and Disobedience in the Digital Age*, Harvard Univ. Press, 2015.

フェイスブックが利用者に無断で社会実験をしたことについては多くの報道がある。

Robinson Meyer, "Everything We Know About Facebook's Secret Mood Manipulation Experiment. It's probably legal. But was it ethical ?" The Atlantic, Jun. 28, 2014; Vindu Goel, "Facebook Tinkers With Users' Emotions in News Feed Experiment, Stirring Outcry," New York Times, Jun. 29, 2014.

●空想的資本主義（2016. 11. 3）

今年八月、厚労省のある懇談会が「働き方の未来２０３５」なる報告書を発表した。二十年後には働く者は個人事業主として会社や職場から独立し、世界を相手に自由に能力を発揮できるといった夢物語が語られている。

「法と経済学」の論法に従い、情報技術（ＩＴ）や人口知能（ＡＩ）が市場利用のコスト（取引費用）を下げるために、上意下達の企業組織は資本や経営能力や各種技能の間の対等な契約関係の束に分解されるという。

契約原理（市場原理）が社会を覆い尽くせば、職場の差別やパワハラ、大企業の専横等は雲散霧消するというが、格差や非正規層の不安定な身分や機械・ＩＴ・ＡＩが労働者から職を奪う技術的失業はどう解決されるのか。

三年前に財界首脳が米国流の解雇自由（労働法の民法・契約法への解消）や解雇の金銭解決を主張して総スカンを食ったことがあるが、現政権は「働き方改革」のためにこんなお粗末な報告書でも国民に売り込みたいのだ。

だが、目指す労働市場の流動化とは、長時間労働や低賃金で不評のＩＴや介護・医療や家事代行等の業界での労働力確保の思惑に他ならない。移民の単純労働も視野に入る。労働者がすべて個人事業主になれば、過労死・過労自殺は自己責任、低賃金は自己決定、偽装請負・違法派遣は合法となる。

☞「法と経済学」に関しては、本章の「経済学」の節のコラム、「経済学の作法」（2012. 6. 14）と「理論家の責任」（2013. 10. 10）も参照。上で言及した財界首脳の主張とは、二〇一三年三月の産業競争力会議における分科会主査の長谷川閑史・経済同友会代表幹事（当時）の提案である。

このような空想が生まれる所以は、現代経済学の根深い理論的欠陥にある。商品売買や雇用や請負などを含む市場交換は、自発的行為に支えられたウィン・ウィンの関係であるから、権力や暴力とは無縁だという誤った見方である。自発的な交換といっても、状況に強制されるといった事態はいつでも生じうるし、自発的交換の連鎖や構造化が、直接の交換の場から遠く離れた所で恐るべき「意図せざる結果」を招くこともある。

◉時間と情報の市場化（2017. 1. 12）

配車アプリのウーバーなどのシェア（共有）経済は海外では急速に拡大しつつあり、日本でも交通弱者のために使う試みがある。

クルマ所有者の空き時間と顧客の需要を組み合わせるわけだが、連帯に基づく真の共有ではなく、逆に市場化の動きと見るべきだ。

空き時間とは使わなければ市場価値が失われるという意味でペリッシャブルな（腐りやすい）財であり、企業家の目には、使われない能力、設備、自然環境等はすべて活用すべき資源で潜在的商品に映る。資源利用は確かに効率性を高めるが、他方で市場原理の負の側面（価値剝奪と強制）も無視できない。

支え合う仕組みや制度（共同性や公共性）を利潤追求、個人請負、消費者選択に還元してしまえば何が起きるか。実際、ウーバーは労働者の権利を求める運転者からの訴訟に直面している。思考実験として、各人の性的身体を互いに時間貸しする「普遍的売春」の恐るべき帰結を考えてもよい（C・ペイトマン『社会契約と性契約』岩波書店、二〇一七年）。

ウーバーはＩＴ（情報技術）で運転を常時監視し、顧客の評価や支払を処理する。グーグルやアマゾンのようなＩＴ大手は膨大なデータを処理する腕を磨き、通信・配送から医療・輸送・金融の新分野へ乗り出そうとしている。だが、だれが何の目的で情報を使うかという問題は避けて通れない。

◉リチウム電池の裏側（2017. 4. 13）

スマートフォンには約三グラムのリチウム化合物が使われる。ハイブリッド車には約二〇キロ、電気自動車（ＥＶ）のテスラ車には約五〇キロが必要だ。今後一層の需要拡大が見込まれるリチウム電池にはその他に黒鉛やコバルトが必要だが、だれがどんな状況の下で鉱物資源を採掘しているのか。

昨年、米国紙が一連の調査報道でグローバル供給網を解きほぐして、コンゴ共和国の危険な手掘り採掘や胎児にまで及ぶ環境汚染、中国黒竜江省の寒村の黒鉛被害、南米チリ国境の「リチウム三角地帯」の水質悪化や詐欺的な採掘権取得を明るみに出した。調査の障害は供給網始点の実態を知られたくない大企業の秘密主義で、豊田通商や日本カーボン等の日本企業の名も挙がる。現地の貧困層の中には明日の糧のために労働搾取や環境汚染を耐えるしかない人々がいるが、彼らは声を上げられない。

時代の先端の世界商品が地球の裏側でどんな惨状を引き起こすか、歴史上の事例には事欠かない。コーヒーや砂糖といった西欧近代の嗜好品は新大陸の奴隷労働で供給されたのだ（原著が版を重ねるポメランツ他『グローバル経済の誕生』（筑摩書房、二〇一三年）の改訳を期待したい）。

市場原理は情報効率化＝情報遮断に基づいているが、商品と情報のグローバル化の中で消費者はいつまで無関心を装い続けられるのか。

☞米国紙の報道。

Todd Frankel, “The cobalt pipeline: From dangerous tunnels in Congo to consumers’ mobile tech,” Washington Post, Sept. 30, 2016; “A trace of graphite is in consumer tech. In these Chinese village, it’s everywhere,” Washington Post, Oct.2, 2016; “Tossed aside in the 'White Gold' rush," Washington Post, Dec. 19, 2016.

●道具的理性(2017. 8. 17)

昨年末、検索大手の翻訳ソフトの性能が格段に向上したことが話題になった。自然言語に近い出来だという。画像診断や症例検索等の医療現場や、商品販売の顧客対応や宣伝などの分野でも、人工知能(AI)の活用が広がっている。AIとロボットが結びついて、第四次産業革命が進行中だという議論もある。

他方、懸念材料は山ほどある。製造業でロボットが労働力を駆逐するだけではなく、ルーティンに従う事務職も危ない。深刻な「技術的失業」を警告する経済学者もいる。

法律事務の自動化は効率化に役立つが、保釈の判断にAIの再犯予測が採用された米国の事例では、予測ソフトの開示を企業が拒否している。自動運転のクルマに乗りたいと思う人はどれほどいるのか。人の運転へ切り替えるとっさの判断はだれがするのか。事故の責任は誰が負うのか。深刻なのは軍事利用だ。殺す相手を自分で決めるロボット兵器は禁止すべきだとする研究者らの公開書簡が発表されている。

AIは人間特有の知性とは全くの別物だ。ビジネスモデルや軍事戦略、国民を監視・統制する独裁政権のような、既定の目標を追求する「戦略的理性」に奉仕するための道具がその本質だ。判断過程をブラックボックス化して、民主主義の根幹の対話や討論の原理を侵食する危険性こそ認識すべきだ。

☞AI待望論が広がる一方で、その危険性も次第に認識されるようになっている。AI

が刑事裁判に用いられた米国の例については

Liptak, Adam, "Sent to Prison by a Software Program's Secret Algorithms," New York Times, May 1, 2017; Wexler, Rebecca, "When a Computer Program Keeps You in Jail," New York Times, June 13, 2017.

技術的失業に関して多くの議論があるが、たとえば

Acemoglu, Daron et al., "Robots and Jobs: Evidence From US Labor Markets," NBER Working Paper Series 23285, March 2017.

ＡＩがブラックボックスであることは戦場の使用で特に危険を伴う。米国の国防高等研究計画局（ＤＡＲＰＡ）は、ＡＩの下した判断を人間が理解できるように、ＡＩ自身に説明させるプロジェクトを計画しているという。

Castellanos, Sara et al., "Inside Darpa's Push to Make Artificial Intelligence Explain Itself," Wall Street Journal, Aug. 10, 2017.

クルマの自動運転の問題点については、たとえば

Markoff, John, "Robot Cars Can't Count on Us in an Emergency," New York Times, June 17, 2017.

ロボット兵器規制の公開書簡は

Open Letter, "Autonomous Weapons: An Open Letter From AI and Robotics Researchers," July 28, 2015.

企業

●会社の身体（2011. 7. 28）

十年程前、ある米国の法学者が「会社法の歴史の終わり」を主張した。株価至上主義の米国型経営と会社法が、日本的経営やドイツの共同決定（経営における従業員代表制）を凌駕して世界標準になったというのだ。だが、その直後のＩＴバブルや最近の住宅バブルの崩壊で米国の企業統治の実態が次々に明るみに出た。

株式会社は貨幣と労働の二つの異質な世界を、企業組織によって無理やり結びつけて成立している。法制度でも会社法と労働法は没交渉だ。「企業統治」だけでなく、過労死や女性差別や非正規雇用の身分化などをめぐる「職場統治」が日本の会社にとって今後決定的になる。

さらに株式会社制度には今回の原発事故で明らかになった欠陥がある。株主の有限責任で集めた巨大な資本を金融市場で増幅して事業を拡大した結果、企業の返済能力を超える災害を引き起こした場合、だれがどのような責任をとるべきか。損害賠償だけでよいのか、刑事罰は不要なのか。東電賠償スキームは東電存続が前提で、事実上国家による尻拭いだという批判がよく聞かれるが、通常の企業破綻法制に基づいて経営責任や株主責任を問うだけでよいのか。

福知山線事故を引き起こしたＪＲ西の企業体質こそ罰するべきだという広く共有されている認識は、会社にも鞭打つべき身体があることを示している。なぜ東電は違うのか。

☞会社法に関する米国の法学者の議論には、例えば次のようなものがある。

Harry Hansmann and Reinier Kraakman, "The End of History for Corporate Law," 89 *Georgia Law Journal* 439 (2000-2001); John C. Coffee, *Gatekeepers: The Role of the Professions and Corporate Governance*, Oxford Univ. Press, 2006; William S. Laufer, *Corporate Body and Guilty Minds: The Failure of Corporate Criminal Liability*, Univ. of Chicago Press, 2011.

英国では鉄道などの大事故が続き、法人の責任を問う声が高まって二〇〇七年に「法人故殺法」が成立した。

東電などの企業の刑事責任については、第四章「環境」のコラム「システム破綻の刑事責任」（2014. 3. 27）と「高度の注意義務」（2014. 9. 11）も参照。

◉企業の失敗（2012. 2. 23）

市場の失敗という見方はかなり普及したように見える。市場の役割（希少資源を無駄なく使う）が、大量生産技術や情報偏在や貪欲や談合によって果たされなくなるというのだ。この見方には市場の働きに問題点を見出す発見的意義がある。

他方、企業はどうか。資本関係を通じた企業集団の支配と株主の有限責任、この二つを柱とする企業制度は近代から現代にかけてグローバル市場を席巻した。だが、今回の金融危機や原発事故が示したように、この制度は大企業経営者の傲慢と株主の無責任という組み合わせに変質しかねない。企業統治や企業倫理や法令遵守が叫ばれてきたが、もっと重要なのは制度全体の評価だ。たとえば、社会的なリスクやコストをきちんと負担しているかどうか。ある推計によれば、二〇〇八年に世界の大企業三〇〇〇社の環境破壊コストは二兆ドルを超えたという。現場・職場のミクロ権力（人権無視、非正規・女性差別）や国内外のマクロな政治への不当介入の問題もある。

企業の失敗は市場規律によっては矯正されない。失敗した企業が競争に敗れて退場する訳ではない。逆に、賃金・労働条件の切り下げで競争相手を打ち負かすこともできる。われわれの不断の監視と働きかけがどうしても必要な所以だ。

☞大企業の環境破壊コスト。

Juliette Jowit, "World's Top Firms Cause $2.2 Trillion of Environmental Damage, Report Estimates," the Guardian, Feb. 19, 2010.

◉私企業の公共性（2012. 11. 8）

オリンパスの損失隠しは一九八七年のブラックマンデー（株価急落）あたりから始まり、バブル期の財テク失敗を隠蔽するために九〇年代に急激に膨らんだ。株主利益を図ることが経営の目的だとする企業統治の観点からは、歴代経営陣のふるまいは言語道断に映る。

英国人元社長の内部告発後も、経営陣や安定株主の大銀行は、インサイダーである彼ら自身や従業員の利益を図り、企業解体・売却から得られるはずの一般株主の利益をないがしろにした。投資されたすべての一ドルは平等に扱うべきだとする株主民主主義の立場からは、このような事態収拾は許し難い。

だが、なぜ粉飾決算や重役の善管注意義務違反が非難に値するのか。一般投資家に損害を与え、日本の証券市場の評判を落としたのがその理由なのか。粉飾決算などの犯罪性をすべて株主価値の毀損に帰着させてしまう議論は余りも視野が狭い。むしろ私企業に活動の場を与えている社会の最も基本的な規範（正しい情報の提供、フェアな経営と組織、人権の尊重）を破ったからこそ罰するべきなのではないか。

これはもう一つのオリンパス問題を見るとはっきりする。取引先からの強引な引き抜き人事を告発した人物を、組織ぐるみでいじめたことは最高裁で違法とされた。同社は職場統治でも破綻していたのだ。

☞オリンパスの粉飾決算は二〇一一年七月に日本の雑誌が疑惑を報道したことが発端だが、その後十月に、就任してからまだ半年の同社社長マイケル・ウッドフォード氏が突如解任されたことでスキャンダルに発展した。同氏は粉飾決算を知り、当時の会長の菊川剛氏らの辞任を求めたのだが、逆に解任されてしまったのだ。翌年二月に、菊川氏らは逮捕・起訴され、二〇一三年七月の有罪判決（執行猶予付き）に至る。

オリンパスの企業統治の破綻と前後して進んだのは、同社の荒んだ職場統治を露呈した浜田正晴氏の事件である。浜田氏の内部通報（二〇〇七年六月）への報復人事に端を発した訴訟は、二〇一二年六月の最高裁判決で浜田氏側の勝訴となったが、その後も会社の報復と人権侵害は止まらなかったという。

◉ユニクロ・ストーリー（2013.5.9）

流行のマーケティングによれば、商品はそれにまつわる物語とセットにすればよく売れるという。消費者は価格や品質だけでなく商品の来歴や開発の話にも興味を示すからだ。

だが、逆効果を生む物語もある。たとえば、アップルの製品が中国の下請の酷い労働条件の下に生産されていることが昨年報道されて批判がまき起こった。つい先月も、バングラデシュのアパレル工場が倒壊して千百人以上の若い女性労働者らが犠牲になった。違法建築のビルにH&MやGAP等の有名ブランドの下請けが入っていた。これでは世界の消費者は心穏やかに買い物ができない。

わがユニクロでは新卒入社組の四割から五割が三年以内にやめるという。職場でうつ病も頻発する。苛酷な実態を告発する元従業員の手記や二、三の勇敢な報道が世間の耳目を集めてきたが、高まる「ブラック企業」批判への反論のつもりか、社長が展開した「世界同一賃金」発言は火に油を注ぐ。グローバルな企業間競争は同じ舞台で労働者間の競争をもたらすから、年収一億円の一握りの幹部と年収百万円の単純労働者に両極分解しても構わないと社長はいう。競争と格差の物語だ。就活中の学生はもちろん、消費者もユニクロ製品を買う時にはこの物語をいやでも思い出すことになろう。

◉創業者の野望と責任（2014. 4. 17）

ちょうど一年前、売上一兆円を目前に得意絶頂だったユニクロ創業者は、グローバル競争で従業員も年収一億円と百万円に両極分解しても当然だとぶち上げた。時間外労働や上位下達だけの組織運営への批判を意に介さず、競争と格差を正当化したのだ。

ところが先月、労務管理を百八十度転換して非正規層の半分を限定正社員にすると宣言した。スタッフは部品ではないことに気がついたという。だが、この反省なるものは、創業者の鶴の一声で経営方針が逆転する不安定で未熟な企業文化を自ら暴露している。

豹変の背景には、国内の経営行き詰まりとグローバル化の思惑がある。若い店長や非正規層を使いつぶすやり方では、国内で人が集まらない。欧米には企業に厳しい市民社会があり、ナイキやＧＡＰなどの有名ブランドも下請のひどい労働条件を放置すれば、企業の命運にかかわる。

この創業者の野望はアパレル製造小売りの世界一になることだという。競争と成長の内実が空っぽなことは明らかなのに、それ以外に語るべき物語をもたないのは日本の他の経営者や政治家にも共通している。

ブラックな企業文化を反省するなら、せめて途上国の下請末端の労働条件を公開したり、職場実態を報道したジャーナリストを狙った恫喝訴訟をやめたらどうか。

☞ジャーナリストの横田増生氏の週刊誌記事（週刊文春、二〇一〇年）と翌年の『ユニクロ帝国の光と影』（文藝春秋）は国内店舗や中国の下請工場の苛酷な労働環境をレポートした。これに対して、ユニクロは二〇一一年に名誉棄損で提訴し、書籍回収、謝罪広告、二億円の損害賠償を求めた。典型的な恫喝訴訟（スラップ訴訟）だ。裁判は二〇一四年十二月の最高裁の上告棄却でユニクロの敗訴に終わった。

◉原発と東芝の闇（2015. 7. 30）

先頃、東芝の会計操作に関する報告書（第三者委員会調査報告書）が出た。トップの当期利益主義のプレッシャーにより組織を挙げて粉飾会計まがいの不正が行われたという趣旨だが、批判が多い。報告書は上意下達の企業風土や内部統制の緩みに意図的に限定しているからだ。なぜ見かけだけの利益計上に奔ったのか。経営者の資質や企業統治を越える重大な問題があるはずだ。

二〇〇六年、経済産業省の原発推進に呼応して、東芝は米国の原発メーカーのウェスティングハウス（WH）を破格の値段で買収した。巨額買収で活躍したのが、原発一筋の経歴で後に東芝のトップとなり、不正会計の元凶として報告書でも指弾された人物だ。三・一一以降も強気の発言を繰り返し、安倍政権にも民間委員として協力してきた。

東芝の昨年末の資産合計約七兆円の内、約一兆五千五百億円が「のれん」や繰延税金資産などの将来の収益予想に依存する頼りない性質のものだ。「のれん」とは買収額がWHの純資産を上回る部分を指すが、今後、原発商売が下向けば減損処理を迫られる。だがそのための自己資本は　兆四千億円程しかない。無理な買収のつけが不正会計に現れたのではないのか。

東芝は優れた事業を他に多く持ちながら、原発輸出などの国策の先兵として動いてきた。袋小路の原発との心中以外に道はないのか。

◉企業のミクロ権力（2015.9.3）

内部告発を発端として不正会計が明るみにでた東芝は、さらなる内部告発で決算発表の再延期を余儀なくされた。達成不可能な目標を上司が迫るパワハラの実態も明らかにされている。脅迫と強要で積み上げられた嘘の数字で、辞任した三人の歴代東芝首脳は何を隠そうとしたのか。

アマゾン（世界最大の通販）の苛酷な職場については、この数年、欧米で多くの記事や潜入レポが出ている。先頃、米国の一流紙の報道で、改めて日本のブラック企業にも比すべき驚くべき職場統治が明らかにされ、議論を呼んでいる。

非正規が大半を占める物流センターの配送係は、電子機器の指示通りに品物を集めるが、同時にその一挙手一投足がリアルタイムで管理部門に把握され、効率基準に達しない者は容赦なく首にされる。文字通り、使い捨てだ。管理企画部門でも長時間労働と持ち帰り残業が常態化し、個人間・チーム間の生存競争が繰り広げられる。深夜や休暇中でもメールの即時返信は至上命令だ。

アマゾンは、顧客のビッグデータを活用して、一人ひとりの欲望を先回りして呈示・誘導し、一刻も早く配達することに血道を上げる。だが、「消費者は王様」のイデオロギーは職場では常時監視と懲罰のミクロ権力に姿を変える。これが現代の超優良企業なのか。

☞ニューヨーク・タイムズの記事は多くの反響を呼んだ。
New York Times, "Inside Amazon: Wrestling Big Ideas in a Bruising Workplace," Aug. 15, 2015
この記事はアマゾンの企画部門などのホワイトカラーの労働環境や職場統治に関する

ものだが、アマゾンのブルーカラーの惨い労働環境についても多くの調査報道がある。The Morning Call, "Inside Amazon's Warehouse," Sep. 18, 2011; Mother Jones, "I Was a Warehouse Wage Slave," Feb. 27, 2012; Frankfurter Allgemeine Zeitung, "Arbeitsbedingungen: Amazon in Ausnahemezustand," Feb. 14, 2013; BBC, "Amazon workers face increased risk of mental illness," Nov. 25, 2013; The Guardian, "My Week as an Amazon Insider," Dec. 1, 2013.

◉企業家の実像（2015. 11. 5）

アップル創業者の人気は没後まで衰えないが、現代の英雄である企業家（起業家）の実像は定まらない。経済学者シュンペーターは、企業家こそ新機軸によって資本主義を創造的に破壊する主役で、大企業の惰性や冷たい利潤計算の対極にあるカリスマ的な指導者なのだと論じた。一九二〇年代、同じ大学でシュンペーターと交流のあった気鋭の法学者カール・シュミットは、議会制民主主義批判から指導者（総統）独裁の肯定にまで突き進んだが、両者の議論は民衆蔑視とエリート支配を当然視する当時の中欧の知的世界に根差している（ショイアマン『カール・シュミット』未訳）。

米国のシリコンバレーの企業群は、政府に頼らず果敢にリスクをとる企業家精神の象徴とされ、各国の羨望の的だが、当地の伝説的な「フェアチャイルド半導体」は米軍のミサイル誘導装置開発などで急成長したのだ。インターネットなどの情報通信だけでなく、宇宙航空や原子力などの基礎技術も軍需が育てた。製薬大手のヒット商品も、米国立衛生研究所の公的な研究成果に基づいている場合が多い。

起業は成長や革新や雇用のために必要だというのも疑わしい。S・シェーン『起業という幻想』（白水社、二〇一一年）はデータに基づいてこの神話を徹底して暴く。

アップルの膨大な利潤はどこから来るのか。その内の何割をエリート企業家の働きに帰すべきか。

☞『カール・シュミット』

William E. Scheuerman, *Carl Schmitt: The End of Law*, Rowman and Littlefield, 1999.

シリコンバレーの「フェアチャイルド半導体」については、『シリコンバレー　なぜ変わり続けるのか』上下、日本経済新聞社（二〇〇一年）などを参照。

●市場のファシズム（2016. 8. 4）

資本主義のエンジンは革新（画期的技術や新商品）だ。次々にグローバルIT企業が育つ米国のシリコンバレーは各国の賞賛の的で、若き企業家（起業家）らは現代の英雄だ。経済学者シュンペーターは企業家こそ革新の担い手だと主張したが、その人間像は明らかにしなかった。

ピーター・ティールという異能の資本家がいる。フェイスブックへの初期投資などで若くして大富豪となり、多くのベンチャー事業に投資してきた。不老不死や自己改良するロボットや国家から独立した海上都市などの奇想の計画もある。

ティール氏は徹底した市場原理と最小国家を信奉するリバータリアン（自由至上主義者）であったが、次第に他人の欲望を模倣するだけの大衆や凡庸な民主政治や普及品市場を否定し、洞察力と実行力をもつ優れた少数者の特権や革新的企業の市場独占を許す「純粋資本主義」を主張するに至る。原爆製造計画や月面到達のアポロ計画のような「偉大な」技術を確立するのは政府の役割で、事業化は企業家の仕事だという。エリートのための資本主義の倫理は民主主義と相いれないとさえいう。

人びとの日々の生活や労働の侮蔑だけではなく、市場原理とファシズムの結びつきをここに読みとるべきだ。同氏が大統領選でトランプ候補を応援するのもうなずける。

☞ティール氏の人物像の中に、「企業家とはどのような人間か」という問いへの最も暗い答えがある。前項の「企業家の実像」参照。

●東芝凋落の本質(2017. 5. 11)

発端は東芝の粉飾決算に関する一昨年一月の内部告発だった。その後坂道を転がり落ち、一兆円超の連結赤字と上場廃止寸前にまで至ったわけだ。

大方の論調は経営陣のパワハラや企業統治の不備や企業の合併・買収(M&A)の失敗を指摘して、投資家への責任を強調するが、巨大企業はまず地域や顧客や国民に責任を負っている。問題の本質は政権・経済産業省・原子力ムラ・原発企業等からなる「日本株式会社」の失敗にある。

東芝の原発事業で転機となるのは、①二〇〇六年の米国原発製造会社(WH)買収、②三・一一後の事業継続、③二〇一五年末のWHによる原発建設会社の買収だ。重大な決定はどう正当化できるのか。

①について、相場の二倍の買収額は非常識としても、当時の「原子力ルネッサンス」の流行を考慮して東芝トップの決断を擁護する議論がある。だが、なぜそもそもWH社は売りに出されたのか。そ

れに時代の雰囲気に抗して、しっかりした代替案をもつ反原発の少数意見もあったのだ。②フクシマ後、シーメンス社はドイツ世論に沿う形で、GE社は原発の採算性から、それぞれ原発撤退に踏み切ったが、政権をバックにした日本の原発御三家の対応は安易すぎないか。③膨張する可能性のある孫会社の隠れ債務をなぜ見逃したのか、説明はない。東芝はWHの統制にも失敗したというほかはない。

◉理念と狡智(2017. 9. 21)

田中角栄は六法全書を横に読むといわれた。大学では憲法を頂点とする体系として法を教えるが、角栄には事業や政策の関連法規は抜け穴を見つけて活用すべき規則集と映ったはずだ。正義や人権や福祉などの抽象的理念よりも、どう法を使いこなすかが問題だった。

企業家の中にも、売り上げ世界一などの空疎な事業目的を掲げながら、実際の経営で手練手管を発揮する者がいる。変化する状況の中で、生き残るために繰り出す策略や偽装は、学問に昇華する知性とは別の知の在り方で体系化も定義もできない。

その最初のヒーローは古代ギリシャの叙事詩に描かれたオデュッセウスだ。十年にわたる帰郷の旅で多くの難局を狡智で切り抜ける物語だが、欧州文明の「主体性の原史」とも読めるし、大航海時代の冒険的商人や近代資本主義の経済人にもつながる(『啓蒙の弁証法』)。「資本主義を支える企業家精神とは何か」というシュンペーターが残した問題の解答にもなる。

だが、現代の理念なき狡智の代表者は政治屋だ。策を弄して政権維持を図るうちに、権力そのものが目的になる。政策や理念を議論の切磋琢磨で鍛えることに自信も関心もない。核ミサイルですごむ辺境の独裁者は倒錯した自己保全の究極の姿だが、安倍政権やお友達の米大統領の権力も何のために、誰のためにあるのか。

☞フランクフルト派第一世代のホルクハイマーとアドルノが、第二次大戦で米国に亡命中に共同作業として執筆し戦後出版された『啓蒙の弁証法』（岩波書店、一九九〇年）は、徹底した啓蒙批判、理性批判、ファシズム批判を展開した。その中の一章がオデュッセウスの冒険譚の解析にあてられている。

ギリシャ文明における狡智（メティス）の意義については
Marcel Detienne and Jean-Pierre Vernant, *Cunning Intelligence in Greek Culture and Society*, The Univ. of Chicago Press, 1974.

経済学

◉経済学の(不)効用(2011. 8. 25)

数年前、イスラエルの著名経済学者がアンケートをした。学生にこう質問する。「労働者を大量解雇すれば会社の利潤が増えるが、首にされた者は長期失業の憂き目を見る。解雇を回避すれば僅かだが利潤は確保できる。経営者はどうすべきか。」何人解雇すれば利潤はどうなるかが表や式で示される。経済学部学生の大半は自動的に大量解雇を選んだが、数学・哲学専攻の学生の多くは解雇回避を選んだ。法学部・経営学部学生は両者の中間だった。米国でも、経済誌読者を対象にした調査でも、出身学部に応じて同じ傾向が見られた。

つまり、経済学を勉強すれば他の目標を犠牲にした企業の利潤追求は自明の理になるというわけだ。大学教育のグローバル化で日本の経済学部でも米国流経済学が叩き込まれる。

この調査に照応するのが故飯田経夫氏の説だ。日本の昔の経営者は、学生時代に経済原論で資本主義の害悪を散々吹き込まれたので、英米の経営者ほどドライでなかったというものだ。確かめようもないが、面白い説だ。

無論、経営者の役割は利潤追求にあるから、今の経済学教育は正しいと考える人もいる。だが、どんな学問でも懸命にやれば社会の役に立つというのはナイーブ過ぎる。世界各国の軍需産業や日本の原子力ムラの専門家も真面目で優秀な学生だったはずだ。

☞経済学者のアンケート調査。

Ariel Rubinstein, “A Sceptic’s Comment on The Study of Economics,” *Economic Journal* 116, 2006.

●経済学の作法（2012. 6. 14）

三年程前、規制緩和派の労働経済学の詳細な展望を試みた。労働市場でも「神の見えざる手」は理論的基準として有効だとしながら、他方で「市場の失敗」も普遍的な現象だという。両者はどう整合するのか。市場神話に関しては、経済理論自体によって否定されている（競争均衡の存在と安定性はほぼあり得ない）にも関わらず、いまだに一部の経済学者は固く信じている。

最近の法学と経済学とのコラボを謳った教科書にしても、相変わらず市場神話を信奉し、経営者と労働者が交渉すれば、互いに有利な機会を両者は利用し尽すに違いない、だから契約自由の原則を尊重すべきだといった何の根拠もない公準を金科玉条にしている。

数え方にもよるが、賃金の決まり方には二十近くの異なる理論や仮説がある。そのはとんどは空想の産物で、実証も既存データの統計的処理に止まる。仮説のなかには噴飯ものもある。例えば失業とは労働者が主体的に選択した余暇・自由時間に他ならないという「理論」がそれだ。
雇用や労働の現場では、市場原理と並行して別の力が働いている。効率と公正の相反に悩むのは経済学者だけではない。賃金が決まる現場でこそ、企業存続の至上命令・利潤追求と労働力の過度の商品化への嫌悪・公正への希求が凌ぎを削っているのだ。

☞竹田茂夫「労働の規制緩和と現代経済学――批判（上）、（下）」、『労働法律旬報』No.１６７６（二〇〇八年七月下旬号）及びNo.１６７８（二〇〇八年八月下旬号）

◉理論家の責任（2013. 10. 10）

先月、経済学者のR・コース氏が百歳を超える高齢で大往生を遂げた。氏の数編の論文から始まった「法と経済学」は、弾薬製造業者の支援の下で米国の法学界を席巻したが、毀誉褒貶が激しく、多くの著名な法学者は批判的スタンスだ。日本では亜流が規制緩和や解雇特区の政策を盛んに打ち上げている。

コース氏は比喩や判例を使って説明する。迷った牛が農園を荒らせば、牧場主は賠償して柵で牛を囲うのが普通だが、逆に農園側が自腹を切って柵を設けても結果は同じだという。柵ができて牛が迷い込まなくなるのは同じだからだ。つまり、権利の初期分布の如何に関わらず、自由な交渉と契約に委ねれば、生産の効率性は実現されるという。この「コースの定理」を出発点として、規制緩和と市場原理を基調とする多くの政策提言が行われてきた。排出権取引や周波数オークションもこの流れの中だ。

だが、この定理には重大な前提がいくつもある。当事者間の交渉力格差を無視する、利害対立を因果関係ではなく相互依存関係としてとらえる、公正の代わりに効率性を判断基準とする、行為や取引の影響をすべて貨幣価値に還元できる等の前提だ。

氏は理論の限界を心得ていたという弁護が行われるが、市場原理主義や保守派の寵児であった氏が理論の現実的帰結に十分に関心を払った形跡はない。

☞ロナルド・コースは、契約・交渉・効率性といったミクロ経済理論の概念だけで、個々の判例を積み上げていく経験主義的な英米法を理論化・体系化しようとした。英米の法学ではこの流れを「法と経済学」law and economicsと呼ぶ。コースの重要な論文としては、一九三七年の「企業の本質」と一九六〇年の「社会的費用の問題」がある。ともに『企業・市場・法』（東洋経済新報社、一九九二年）所収。「法と経済学」に関する批判は、前掲のコラム「経済学の作法」（2012. 6. 14）の項目に掲げた筆者の論文を参照。

●ロビンソンと経済学（2014. 8. 21）

『ロビンソン・クルーソー』は子ども向けの冒険譚ではない。十七世紀後半の大西洋経済圏を背景とする英国初の本格小説で、経済学と縁が深い。

二人の碩学の対照的な解釈がある。独自の史学で著名な大塚久雄氏は、絶海の孤島で工夫と努力で生き延びる主人公に、質実で合理的な生産者のエートス、つまり貯蓄を投資に振り向ける資本主義の精神を見出す。これが後の産業革命と世界の工場の地位を準備したという。

欧州経済史の泰斗、増田義郎氏は別の解釈だ。絶海の孤島とは南米の大河河口にある島で、周囲のカリブ海やその沿岸では、スペイン船の金銀を狙った英国政府公認の海賊行為や奴隷制プランテーションが当時広く行われた。英国は略奪や奴隷制という制度的暴力をてこに世界制覇に成功したのだ。この小説でも主人公は奴隷密貿易で一旗あげようと冒険に乗り出す。海外雄飛と植民地支配が小説のテーマというわけだ。

小説で意図的に隠された主題は貨幣と信用だ。作者D・デフォーは「南海会社」（奴隷貿易の利潤を狙った国策会社）の宣伝係となり、この小説も危うい信用には触れずに、実体の乏しい事業への期待を掻き立てるために書かれたとする説もある（ウェナーリンド『信用大災害』未訳）。小説公刊の翌年には激烈な南海バブルと崩壊が起きる。

☞大塚久雄『社会科学における人間』岩波新書、一九七七年。増田義郎『完訳 ロビンソン・クルーソー』中公文庫、二〇一〇年。
『信用大災害』
Carl Wennerlind, *Casualties of Credit: The English Financial Revolution* 1620-1720, Harvard Univ. Press, 2011.

●大転換と大分岐（2014. 9. 25）

市場経済の理解に資する二つの著作がある。ともに自発的交換を中心に据える経済学に根本的疑問を呈する。ひとつは今なお議論の的となっているカール・ポラニーの『大転換』（東洋経済新報社、改訳版、二〇〇九年)で、激動の十九世紀英国社会が議論の舞台だ。本来、労働・土地・貨幣は商品ではないのに、市場経済に不可欠であるため強引に商品の形をまとわせる。大衆から生存権を奪って労働力を売るしかない状況を生み出した構造的暴力こそ、市場経済への大転換の前提だと説く。

現代でも、労働の規制緩和や福祉切詰め、資源と環境を無視する成長志向(原発は究極の環境破壊だ)、金融危機の頻発と税金による尻拭いで分かるように、ポラニーの見方は意義を失わない。

他方、ケネス・ポメランツ著『大分岐』(名古屋大学出版会、二〇一五年)はこう問題を立てる。なぜ西欧は揚子江デルタや日本の関東・畿内などの当時の世界的な先進地域の停滞から分岐して、産業革命に成功し、世界の覇権を握ったのか。確立した所有権等の市場制度が優れていたからではないという。西欧は植民地の奴隷労働で綿花や砂糖を生産したが、他の地域は農地や燃料供給の森林の生態学的限界を労働強化で克服するほかはなく(勤勉革命)、成長は頭打ちになった。奴隷制の制度的暴力と植民地への生態学的圧力の転移こそ西欧の優位の理由だったのだ。

●ナッシュ氏の悲劇(2015. 5. 28)

不況の予想で投資を控えるというのは合理的経営判断だが、多くの経営者がこう考えて実際に投資を控えれば不況になる。弱気が広がれば株が売られて、事後的に弱気が正当化されるのも同じ理屈だ(自己実現的予言)。投資が投資を呼ぶ好況も同じように説明される。好不況、どちらも人々の思惑が互いに強めあう相互依存関係として説明できるが、大方の予想がなぜ悲観から楽観へ跳ぶのか、これでは分からない。ベースマネーの増加がインフレ期待につながる筋道を明らかにせず、国債を買い続ける黒田日銀もこの擬似理論が頼りだ。

先日交通事故で亡くなった、数学者ジョン・ナッシュ氏のこの考えが「ナッシュ均衡」と呼ばれて万能の説明図式になったが、氏の初期の業績にはもっとエスプリの効いた交渉理論もある。対立する二者が互いに協力拒否の脅しをかけて、妥協が生まれるという理論だ。

経済理論では、言語や身振りなどの複雑な意思疎通や社会的模倣からなる社会を、一旦バラバラの個人へ分解したうえで、協力や対立などの社会関係をナッシュ均衡として解釈したり、交渉理論を使って、核の脅しで睨みあう米ソ対立を危うい均衡のモデルにしてきた。冷戦時代の米国の社会観そのものだ。

孤立した理性の病理を体験した氏の悲劇は個人的なものであったが、氏が生み出した二つの理念の影響作用史には、時代に制約された経済思想が映し出されている。

☞ナッシュ氏は大学院生時代に着想したゲーム理論の論文を書いた後、純粋数学に転じた。その後長い間、統合失調症に苦しんだ。夜中に母校プリンストン大学の構内を徘徊して、黒板に不可解なメッセージを書き記していたことが目撃されている。経済学者の間で氏の理論は広く普及したが、氏個人は一九九四年のノーベル経済学賞受賞まで忘れられた存在だった。ナッシュのゲーム理論と数学の論文は次の論文集に収録されている。

Harold W. Kuhn et al. (eds.), *The Essential John Nash*, Princeton Univ. Press, 2002.

尚、ナッシュ交渉理論（ナッシュ均衡とは別の理論）と宇井純氏の「交渉の幾何平均」説には意外な類似性がある。宇井純『公害の政治学』（三省堂新書、一九六八年）参照。

◉現代のアダム・スミス（2016. 8. 18）

経済学の開祖アダム・スミスには「見えざる手」がついて回る。市場経済では各々が利己的にふるまえば、意図せざる結果として社会全体に好ましい秩序が出来するという解釈だ。だが、スミスの全著作でこれに触れているのは三か所のみ。それも傍論的位置づけだ。スミスの死後、すぐに経済学の保守化と抽象化が始まり、今なお大学では経済学の大統一理論さながらにこれを教える。

E・ロスチャイルド著『経済的感情』（未訳）は、スミスの心理の襞にまで踏み込んだ深い読みでテキストを解剖する。自由放任の市場経済は必ず繁栄するなどと彼が言ったことはなく、逆に、この主張への半ば無意識的なアイロニーが神の「見えざる手」の表現に見えるという。彼は政府による制度設計や介入を非難する一方で、カネの力で市場ルールが歪められ、理性的議論が付和雷同に堕する自由主義の危機を懸念していた。大企業支配とファシズムの予感に慄く現代に通じる視点だ。彼は市場経済を人々の感情・理性・議論が錯綜するシステムであり、予測や制御が困難な不確実性に溢れるものと悲観的に捕えたのだ。

もちろん、交換そのものの権力作用、グローバル化の構造的暴力、金融危機に現れた模倣の原理等のスミスを越える問題も現代経済学の課題となる。

☞『経済的感情』

Emma Rothschild, *Economic Sentiments: Adam Smith, Condorcet, and the Enlighten-*

ment, Harvard Univ. Press, 2002.

☞第二次大戦後に経済学研究の中心は英国や欧州から米国に移ったが、アローはその中心的人物で多くの分野でその後の研究方向を定めた。ここで言及したのは、経済理論

◉理論とイデオロギー（2017. 3. 9）

先頃亡くなった経済学者ケネス・アロー氏には最大限の賛辞が捧げられてきた。一九五〇年代の「価格が支障なく動けば全市場で需給が一致し（一般均衡）、社会的に最善の結果が出来する」という論文は、その後の経済学者の市場観を方向づけ、アダム・スミスの「神の見えざる手」の数学的証明との誤解も生まれた。一般均衡は今でも理論家の葵の印籠だ。六〇年代の著名論文はその市場観を見直したが、論点のモーラル・ハザードや市場の失敗は人口に膾炙している。

だが、違和感をもつ経済学者も多いはずだ。大学助手の頃、同氏らの主著『一般均衡分析』（岩波書店、一九七六年）を数人の院生に講義したことがあったが、三週目で全員脱落。過度の数学化には抵抗が大きく、流行は統計データ重視へ移りつつある。

リベラルなアロー氏の思惑から離れて、市場均衡理論は保守派の市場原理主義に形を変え、二〇〇三年のルーカス米国経済学会会長の発言、「経済学は不況という大問題を解決した」につながる。この慢心はリーマン・ショックで雲散霧消したが、規制緩和論には別の誤解が残っている。「個別市場で市場の失敗を是正して競争条件を作り出せば、全体として最善の結果に近づく。」これには何の理論的根拠もない上に、現実の市場経済は全く異なる様相を呈している。

で一般均衡の存在と「厚生経済学の基本定理」と呼ばれるもので、完全競争・完全情報・市場の普遍性や技術や選好に関する特殊な前提の下で、多数市場で需給が一致する競争均衡の存在を数学的に証明できるだけでなく、それが「パレート最適」と呼ばれる社会的最適状態でもあることを主張する。アローの一九六三年の論文は医療サービスに関してはこの定理は成立せず、「市場の失敗」が生じることを示して、その後の「情報の非対称性」に関する研究の出発点になった。

Kenneth Arrow and Gerald Debreu, "Existence of an equilibrium for a competitive economy," *Econometrica* 22-3, 1954; Kenneth Arrow, "Uncertainty and the welfare economics of medical care," *American Economic Review* 53-5, 1963.

保守派経済学のシカゴ学派の第二世代に当たるルーカスは、二〇〇三年の米国経済学会の会長講演でこう主張した。一九三〇年代の大恐慌の経験から生まれたマクロ経済学は、総需要管理で深刻な不況の再来を防いできたという意味で成功した、と。

Robert Lucas, "Macroeconomic Priorities," *American Economic Review* 93-1, 2003.

市場原理について、経済学者の中でもいまだに流布している基本的誤解がある。「市場の失敗」が「神の見えざる手」の働きを阻害しているのであれば、失敗が生じている市場ごとに失敗の要因を排除したり、市場の機能を政策で代替したりすれば、市場経済は全体として「厚生経済学の基本定理」が保証する「社会的最適状態」に近づくはずだ、というのが誤解の内容だ。

規制緩和派はこのような誤解に陥りやすいが、「市場の失敗」を引き起こす原因である「情報の非対称性」や「生産や消費の外部性」や技術の「規模に関する収穫逓増」は政府の介入があっても決してなくならない。むしろ、スティグリッツが強調するように、金融システムなどには「情報の非対称性」が遍在しているとみるべきなのだ。

さらに、多くの市場で「市場の失敗」が生じている場合に、政府の介入で一市場で失敗がなくなったとしても、その結果として市場経済全体が「社会的最適状態」へ何らかの意味で近づくなどという保証は一切ない。詳しい説明については前掲のコラム「経済学の作法」（2012. 6. 14）の解説の論文を参照。

◉市場原理主義に抗して（2017. 3. 23）

K・ポラニーに関心が高まっている。昨年出た本格的な伝記（G・デール著『カール・ポラニー』未訳）は、東欧のユダヤ系知識人の分厚い人脈や波乱に満ちた思想的・政治的遍歴を活写する。

一九三〇年代に亡命先の英国で労働者教育に当たるが、この経験が主著『大転換』に結びつく。その刊行から七〇年以上も経ち、個々の診断や処方箋には異論が出て当然だが、十九世紀の英国社会を舞台にした劇的な市場化と、対抗する社会防衛の「二重の運動」という基本的な視角は、現代にも強烈な光を当てる。

一九七〇年代以降、規制緩和・民営化・小さな政府等を掲げる新自由主義は世界を席巻してきたが、その帰結は企業主導のグローバル化・格差拡大・金融危機の頻発・福祉切下げ（特に米国）だ。社会防衛はねじれた形をとることもある。宗教と市場の二つの原理主義を奉じる米国の茶会党などの社会運動は、雇用を不安定化し伝統的な家族や地域を切り崩す現実の市場化への対抗運動とみることができる（F・ブロック氏らの『市場原理主義の力』未訳）。

トランプ政権によるグローバル化の巻き戻しを見ると、極右政権と大企業が結びついて市場化の負の効果を暴力的に調整した三〇年代のファシズムと同じ力学が働いていることが分かる。

☞デール『カール・ポラニー』

Gareth Dale, *Karl Polanyi: A Life on the Left*, Columbia Univ. Press, New York, 2016;

ブロック他『市場原理主義の力』

Fred Block and Margaret R. Somers, *The Power of Market Fundamentalism: Karl Polanyi's Critique*, Harvard Univ. Press, 2014.

●ビッグデータの驕り（2017. 8. 3）

ネットで検索すると広告の見出しも現われる。クリックすれば商品のサイトにつながる。グーグルの懐に入る見出し料×クリック数の広告料は全世界で昨年は約九兆円に達した。

検索ごとに広告主らが好位置の見出しを求めて競うわけだが、自動的な競売方式が採られている。経済理論で「第二価格封印競売」と呼ばれるものが原理で、公正で効率的な競り上げ方式の競売と同等とされる。

だが、実際の運用は公正から程遠い。今年六月、欧州連合は競争相手の排除の廉でグーグルに約三千億円の罰金を科した。別件の競争法違反も調査中でビジネスモデルに疑いの目が向けられている。国際公共財となった検索機能や情報仲介には公正中立が求められるが、ネット大手各社は戦略やアルゴリズムの公開を拒んでいる。行き着く先は、膨大な情報に基づいて個々の消費者から最大限絞りとる価格設定（「完全な価格差別」）や、クリック数優先で利潤に直結する偽ニュースの氾濫となる。

膨大な情報に魅せられたミクロ経済学者も業界に取り込まれて、消費者行動の実験や操作で独占利潤に奉仕するようになる。法学者も密かに寄付金をもらってネット大手擁護の論文を書く。数社の巨大企業が規制当局や魂のない専門家や羊の群れの消費者を支配する世界になるのか。

☞競売理論は経済学の研究分野で、ウィリアム・ヴィックリーWilliam Vickreyが、一九六一年の論文などの業績に関連してノーベル経済学賞（一九九六年）を得ている。この間に競売理論は、政府による周波数の競売やグーグルなどのネット検索大手の広告スペースの競売に応用された。グーグルの広告競売方式は社内で開発されたようだが、研究者らの理論研究とも符合する（完全に同じものではない）。ミクロ経済学者のハル・ヴァリアンは二〇〇〇年代初頭あたりからグーグルのコンサルとして働き、二〇一〇年に同社のチーフ・エコノミストとなる。

グーグルの広告競売に関連する研究論文の例。

Feldman, B. et al., "Internet Advertising and the Generalized Second-Price Auction: Selling Billions of Dollars Worth of Keywords," *American Economic Review* 97-1 (2007); Varian, H., "Position Auction," *International Journal of Industrial Organization* 25 (2007)

ミクロ経済学者がアカデミックな研究からグーグルなどのネット大手に取り込まれていることについては

Lohr, Steve, "Goodbye, Ivory Tower. Hello, Silicon Valley Candy Store," New York Times, Sept 3, 2016.

米国の法学者とグーグルの関係については

Mullins, Brody et al., "Paying Professors: Inside Google's Academic Influence Campaign," Wall Street Journal, July 14, 2017.

制裁金については

Scott, Mark, "Google Fined Record $2.7 Billion in E.U. Antitrust Ruling," New York Times, June 27, 2017; 日経電子版「グーグルに制裁金３０００億円。欧州委、独禁法違反で最高」二〇一七年六月二十七日。

◉行動経済学とナッジ論争（2017.11.17）

そっと肘でつついて気付かせることをナッジという。不注意や短慮や惰性から生じる人々の誤りを政府が優しく注意してやれば、法や規制に頼らずに是正できる。ナッジと題してこう論じた本がよく売れて、英米の前政権にも影響力をもった（邦訳は『実践行動経済学』日経ＢＰ社、二〇〇九年）。著者の一人はノーベル経済学賞を得た。

運転免許の申請書類に臓器提供への同意を求める項目を設けておけば、臓器提供者は増える。煙草の包装に肺がんの写真を載せれば喫煙者は減るし、納税督促状の言葉遣いや道路標識を工夫すれば効果が期待できる。カネもかからずイデオロギー的にも中立だ。

だが、当初から強力な批判があった。これは結局、政治家や官僚が国民を「刺激に反応するだけの操作可能な消費者」と見下すことではないのか。討論や対話で民衆自身が学んでいくといった自律と熟議の理想とはかけ離れた考え方だ。事実、人々は政府のナッジを覚ると反抗する傾向があるという。労働と生活に追いまくられる低所得層は善意のナッジにも反応薄だという研究もある。

原発や地球温暖化や政権選択などの重大問題は本来、ナッジの埒外だ。労働や格差や膨大な広告などの日々の商品経済の経験こそ、小さなナッジを跳ね返す我々の意識と無意識の岩盤なのだ。

II 国家・戦争・ファシズム

国家と国境

◉ベルリンの壁（2011. 8. 11）

半世紀前の八月、ベルリンの壁が作られ始めた。東から西への市民の逃亡を防ぐためだ。壁は東西ベルリンを分断し、東独領内の西ベルリンをぐるりと取り囲んだ。壁を越えようとするものは自動的に射殺の対象となった。

一九八〇年代、西ベルリンで壁のすぐ脇に住んでいたことがある。アパート八階から毎日壁を見下ろしていた。見るからに頑丈そうだった。二時間おきに軍用犬を連れた東独兵士が緩衝地帯に沿ってオートバイで見回りに来た。数年後、東独崩壊後に西ベルリンを訪れた際にはその壁に大きな穴が開いていた。

崩壊後に分かった東独社会の実態は恐怖そのものだ。一党独裁の下、社会の隅々にまで張り巡らされた秘密警察。家族や親友までも秘密警察に密告した多くの人々。

東独の統治は拙劣だった。市場原理を統治技術として使う方が洗練されている。壁を作るよりはグローバル化で世界中に逃げ場がないようにして、誰かに密告させるよりは自分自身を監視させるのだ。WTO（世界貿易機関）はこのやり方で全世界へ自由貿易を広げようとしたが、頓挫した。TPP（環太平洋経済協定）推進派も自由貿易から逃げられないと信じているふしがある。

日本の閉塞打破に「第三の開国」などと壁崩壊の比喩を使うのは的はずれだ。我々が直面しているのは政治的抑圧ではなく、市場原理の強制なのだ。

●国家機密とプライバシー（2013. 10. 31）

もと米諜報機関員のスノーデン氏が暴露した数々の機密のなかでも衝撃的だったのは、NSA（国家安全保障局）の情報収集の規模と方法だ。NSAはネット大手の協力の下に、サーバーなどで膨大なメタ情報（日付や送受信者の身元など）に直接アクセスするだけでなく、巨額経費をかけてソフトとハードに製品開発時から暗号解読の鍵を埋め込み、ネット情報を三年ほど前から解読できるまでになったという。

NSAはテロや軍事に止まらず、外交や経済交渉や市民生活まで守備範囲に収める。ドイツ首相の携帯や各国首脳や一般市民の通話の盗聴も発覚した。日本の政権首脳の携帯やTPP交渉は大丈夫かと心配になるが、諜報合戦が問題の本質なのではない。

なぜ諜報機関は市民の親密圏にまで侵入して、その事実を隠そうとするのか。組織の自己肥大化もあるが、背景にあるのは安全保障、つまり国家の存立だ。国家は自由と人権の守護者などの物語を編み出しては、戦争や人権抑圧の形で他に押し付ける。安倍政権の特定秘密保護法案でも機密保護が人権より優先される。

他方、「私はどこから来て、どこへ行くか」は世界の究極の秘密であり、各自が引き受けるべき問いだ。プライバシーや人権の根拠はここにある。だから、国家の物語をいつでも批判できる仕組みが必要なのだ。

◉国策と想像の共同体（2015. 4. 9）

十八世紀初め、度重なる戦争で財政赤字と国債費に苦しんでいた英国は、「南海会社」の奴隷貿易で投資家の利潤期待を醸成し、各種の国家債務を同社の株式に乗り換えるように誘った。同社はそれを元手に低利の長期国債を引き受ける形となり、莫大な戦費調達を可能にした。

一石何鳥もの妙手で、南海のイメージを掻き立てられた国民の「根拠なき熱狂」が株価バブルを引き起こしたものの、結果的には財政再建に貢献した（「財政革命」と呼ばれる）。だが、この国策と国民の熱狂には奴隷制への想像力が全く欠けていた。金融操作の危うさは指摘しても、奴隷貿易の是非はだれも論じなかったのだ。

日本の中国侵略は軍部主導の国策がマスコミで増幅されて、国民の圧倒的支持をえた例だ。日本の生命線とする旧満州の開発と入植で、時代の閉塞感が解消するかのような議論が横行した。この想像の共同体には中国人の犠牲と抵抗への思いは無縁だった。

現政権はどうか。派手な演出のアベノミクスと黒田日銀は、はっきりとボロを見せ始めた。成功したのは株価だけで実質賃金は下落し消費と投資も盛り上がらない。非正規層への無関心、原発再稼働、沖縄の基地移設強行は財界優先と米国の世界戦略への加担を示すものだ。国民の生活と生命はかれらの想像力の埒外にあるのか。

◉琉球ナショナリズム（2015. 4. 16）

今月初めの翁長沖縄県知事の発言は衝撃的だった。菅官房長官との会見で、辺野古への基地移設を強行する安倍政権を批判したのだが、犠牲を強いられてきた沖縄の歴史的経験に無頓着な日本人への痛烈な一撃でもあった。全人口の四分の一が斃れた沖縄戦、先祖伝来の土地の強制収容、苛酷な米軍統治、だまし討ちの沖縄返還（核持ち込みの密約）等の経験が凝縮されて、独りよがりの擬似ナショナリズムの批判ともなっている。基地移設は絶対に不可能だという趣旨の発言からは、断固たる政治的意思を読み取るべきだ。

かつて居酒屋談義と揶揄された沖縄独立論が現実味を帯びてきた。松島泰勝氏の『琉球独立論』（バジリコ、二〇一四年）は、沖縄と日本の現実――沖縄の植民地化、米国との軍事同盟、抑止力による安全保障――に対して、琉球の政治的・経済的独立、非武装中立、国際関係の網の目による安全保障を対置する。三十年以上も昔の川満信一氏の「琉球共和社会憲法C私（試）案」は、国家や覇権や軍事的暴力を突き抜けたユートピアから逆に現実を照らし出す。

日本は帰るべき祖国ではなかったという沖縄の人々の痛切な思いにどうこたえるべきか。琉球ナショナリズムにはわれわれ日本人の顔が映し出されている。

◉国家の原罪（2015. 7. 2）

先週、米国南部の教会関係者の盛大な葬儀が行われた。黒人の牧師らが白人優越主義のテロで殺されたのだ。オバマ大統領は痛切な哀悼演説の中で、奴隷制の歴史や今も残る人種間の差別や格差を米国の原罪と呼んで、これを直視するように国民に訴えた。実際、十九世紀の米国南部の発展は土着部族の征圧や軍事的膨張や綿花プランテーションの奴隷制によるものだ。ハーバード大で歴史学を教えるW・ジョンソン氏の近著『暗い夢の河』（未訳）は、第三代大統領のT・ジェファソンの抱いた「独立自営農民の共和国」の夢が奴隷制の現実に変わる経緯を活写している。

歴史の負の遺産の問いは日本人にも突き刺さる。三百万人の同胞と二千万人のアジアの人々を犠牲にした戦争はなぜ起きたのか。欧米帝国主義との覇権争いとして日本の責任を相対化することはできない。近代化と産業革命の「明るい明治」にはすでに「暗い昭和」が胚胎していた。

安川寿之輔氏の『福沢諭吉のアジア認識』は、「天は人の上に人を造らず…」といった市民的自由主義の先駆者、偉大な啓蒙思想家とされてきた諭吉の実像を暴き出す。国権のために民権を棚上げした思想的負債を結局支払わずに、諭吉は天皇制や旧憲法や教育勅語を肯定しアジア蔑視と侵略に突き進んだ。

☞『暗い夢の河』

Walter Johnson, *River of Dark Dreams: Slavery and Empire in the Cotton Kingdom*, Harvard Univ. Press, 2013

安川寿之輔『福沢諭吉のアジア認識――日本近代史像をとらえ返す』高文研、二〇〇〇年

●安保法制と例外状態（2015. 7. 16）

昨日、安保法案が衆院委員会で可決された。今日にも衆院本会議で可決されるはずだ。国会審議で明らかになったのは、具体的な必要性に応じて法案が提起されたのではなく、中国への漠然とした恐怖や軍事大国への回帰願望が推進力であったことだ。

その結果、法案は定義さえ難しい一連の「事態」の羅列となり、政府の答弁は混乱を招くだけ。法案は行政権に開戦の大幅な裁量を与えることになり、「戦争などの例外状態では国民主権は否定され、真の主権者たる国家が憲法を停止できる」と説いたC・シュミット（ナチスに協力したドイツの憲法学者）の亡霊が呼び出されることになろう。昨年の解釈改憲とは「主権者」による憲法停止の予行演習だったのか。

だが、安保法制は前途多難だ。原発訴訟のように多くの訴訟が起こされるはずだ。川口創氏らのイラク派兵訴訟の結果、高裁レベルで国民の平和的生存権が具体的権利として確定している。熊岡路矢氏や伊勢崎賢治氏らが携わる難民救済や紛争調停の現場からは、憲法九条の価値が改めて見直されている。

政権中枢の政治家らは日本の負の歴史を直視できない「ひ弱なナショナリスト」であり、長期の国家戦略をもたずに、ホルムズ海峡の機雷やリスクのない米軍後方支援といった非現実的な想定を弄ぶ素人の軍事オタクでもある。

◉国家と難民（2015. 12. 31）

英国の有力紙がドイツのメルケル首相を「今年の人」に選んだという。ギリシャ危機などを何とかさばいて欧州政治の求心力であったことや、難民救済で欧州の人権の理念をドイツが率先して実現しようとする意思を評価したためだ。「やって来るのは膨大な集団ではなく個々の人間なのだ」というメルケル氏の演説は、先頃の与党の党大会で十分間の賞賛の拍手で受け入れられた。もちろん、今年だけで百万人とされるドイツ流入の難民は社会の分断や差別などの問題を引き起こす。

「血と大地」、つまり生まれによる国籍と領土を核心とする国民国家の制度では、無国籍の難民や文化的統合を嫌う移民を扱う術はない。市民ではなく難民を新たな政治理念の出発点とする試みもあるが、その輪郭さえ不明だ。国家という宿命は逃れられないように見える。

だが、日本には十万人以上の「原発難民」がいるだけでない。沖縄の人びとは戦後、無国籍の状態に陥り、米軍基地を押し付けられて自己決定権と平和的生存権を奪われてきた。先日の辺野古埋め立て代執行訴訟での翁長知事の陳述は、強権発動と歴史無視の現政権への痛烈な批判だ。沖縄の人びとの闘いは地方自治や民主主義の問題にとどまらない。国民国家の暴力への代案となるべき新たな政治理念を切り開く。

◉国家の虚構（2016. 5. 26）

政府は伊勢志摩サミットに集まる先進七か国（G７）首脳に伊勢神宮の内宮に正式参拝してもらう方針だという。三年前の式年遷宮にも参列した安倍首相は、荘厳な社や境内が醸し出す日本的「精神性」や悠久の歴史にご執心のようだ。

江戸時代に爆発的に流行した伊勢参り・お蔭参りや幕末の「ええじゃないか」の乱舞は、民衆のアジール（聖庇）でもあり、封建秩序への身体的反抗でもあったが、明治維新を担った外藩の下級武士らは近代国家建設に神道と天皇制を利用し尽くした。

かつて伊勢神宮には日清・日露戦争の戦利品が展示されていた。必勝祈願のための昭和天皇の伊勢行幸もあった。伊勢神宮は国家と戦争に結びついていたのだ。

国家神道のような公定ナショナリズムは、上から「想像の共同体」を押し付ける。死と不死に関する民衆の想像力を初等教育から制御し、軍隊で強制する。国のために死ぬのは当然で、靖国神社に戻った魂は永遠に安息するというわけだ。

だが、なぜ想像力は国境を越えられないのか。なぜ戦争で殺し殺されることが名誉なのか。本来自由なはずの想像力の公定化や無批判の日本ブランド化にどう対抗するかは今日の問題でもある。

森厳で崇高な伊勢神宮に対置すべきは、誤った国策の結果、汚染され荒廃した帰還困難区域だ。領土内で均等に保障されるはずの国民主権や人権も、日本国家の一部であるはずの沖縄では破綻する。

●選挙とアベノミクス（2016. 7. 14）

参院選の論評でケッサクだったのは、大手紙政治部長の「四回の選挙で支持されたアベノミクスへの批判を止めて協力すべきだ」との発言だ。ここには幾重もの思い違いがある。選挙結果は定冠詞つきの民意、「大文字の国民」の意思表示ではない。選挙民の意思という母集団が定義可能としても、選挙結果とは歪みのある統計量であり、棄権や死票に現れた要求や願望を忖度することは政治家の責務だ。なぜ消去法の政権支持がそのままアベノミクス賛同になるのか。欧州連合離脱を後悔する英国民のように、投票者の意思そのものが不確定な場合もある。

安倍政権の新旧「三本の矢」は実行可能ではない。黒田日銀の失敗、円高・株安への転換の可能性、賃金・消費・設備投資の低迷等は、大型財政出動や泥縄式の再分配政策（給付金ばらまき、最低賃金引上げ等）では挽回できない。TPP推進は米国内の政治状況で、原発維持路線は司法の差止命令や現地の反対で雲行きが怪しい。

規制緩和や労働の構造改革で成長できるという話も根拠薄弱だ。先進国に共通の利潤機会の枯渇や日本で深刻な人口減少・労働力不足は、潜在成長率を供給面から否応なく引き下げる。「アベノミクスへの代案がない」という決まり文句は結局、成長幻想を前提としているのだ。

☞選挙民が、それぞれ立候補者や政党に関して、特定の選好順序を持っているものと仮定しよう。たとえば、政権第一党－野党第一党－政権第二党－野党第二党といった順序で投票を計画する人もいるだろう。各種の世論調査などを参考にして投票を決める人や、世論調査で劣勢な候補者をあえて選ぶ「逆張り」投票もあるかもしれない。あるいは、判官贔屓から自分の選好順序で下位にある政党や候補者を選ぶ人もいるであろう。

選好順序そのものに関して、各政党の経済政策だけから投票を決める人もいるだろうし、各種の政策全般を見て判断する人もいるだろう。このような選好順序とその論拠を全選挙民について集めたものが「選挙民の意思」である。

このように定義された「選挙民の意思」から、どのように実際の投票が決まり、当選者が確定し、その結果、政権党が決まるかは、多くの制度的・歴史的な要因や偶然の要因が介在するはずである。このように見れば、選挙とは「選挙民の意思」から当選者や政権党の決定を導き出す、一種の集計方式と見ることもできる。あるいは、選挙とは、それ自体観察不可能な「選挙民の意思」という母集団から、選挙結果という統計量を抽出する統計学的加工のプロセスと見ることもできよう。

問題は、特異な集計方式でもあり統計量でもある選挙結果から、「選挙民の意思」をどう理論と実践を通じて再構成するかである。選挙結果を選挙民の意思とするのは、あくまでも一種のコンベンション（慣例）、表現の速記法でしかない。選挙結果がそのまま「選挙民の意思」を体現するわけではないのだ。

◉ボディ・ポリティック（2016. 8. 11）

広島と長崎の原爆忌に挟まれた先日の「おことば」は多くの問題を投げかける。メッセージと文脈は多重だ。国民一人ひとりに呼びかけるスタイルは昭和天皇の玉音放送と響きあう。真夏の青空、国民への切々たる訴え、例外的発言の訴求力。われわれ日本人は今尚、天皇制の強い磁場に置かれている。

日本の少子高齢化を映し出す皇室の苦衷と、職務に励んできたものの体の衰えには逆らえないという表白は国民の共感を呼ぶ。国民と共に歩むという理念は国民と共に老いる個人的身体に具現している。

神秘の宮中祭祀を国民の平和と幸福の祈りへ転化した「祈りとしての象徴天皇制」は今上天皇の努力の賜物だが、他方、天皇制とは集団のために皇族個人から職業選択の自由や幸福追求権等の基本的人権を奪う「供犠」のシステムでもある。

天皇制は明治の国教化や軍国主義や象徴天皇制等の変遷の中で、融通無碍に形を変えて永遠に生きるかに見える。この特異な「想像の共同体」は戦時には命の犠牲を求め、平時には人々の無意識へ潜航する。トップが決断と結果責任を免れる神輿型組織の原型にもなる。

「王の二つの身体」ならぬ天皇の三つの身体、矛盾に満ちたボディ・ポリティック（政治的身体）がここにある。日本人をからめとる天皇制とは何か。

☞E・H・カントーロヴィチ『王の二つの身体』（上下巻、ちくま学芸文庫、二〇〇三年）は、中世から近世初期までの欧州の神学や政治哲学や司法の判断などからの博引傍証で、王権の継承や国家という「想像の共同体」の問題を王の個人的身体と政治的身体を区別することで説明した。

日本の天皇制が現在直面する矛盾にはふたつあるように思われる。万世一系と男系長子相続のイデオロギーに体現するのが「政治的身体」だが、性別を持ち年とともに確実に老いる天皇の「個人的身体」には必ずしもそぐわない。この矛盾はたとえば女性天皇への超保守派の反対に現れる。

象徴天皇制の憲法規定は、天皇自身による天皇制理解やその行動と常に整合的であるとは限らない。たとえば、象徴天皇制を「ただ天皇がそこにいるだけでよい」と理解する立場からは、戦没者慰霊の旅などの天皇の具体的行動は非難されるべきものに見えるはずだ。

◉国境という呪縛（2017. 2. 23）

ブルガリア出身のカッサボバ氏の『国境』（未訳）は諸民族が交錯する東欧の国境地帯を訪れる紀行だが、前世紀初めのバルカン戦争や少女時代を過ごした旧ソ連圏の民衆の記憶への旅でもある。同氏自身が民族交流と文化混淆の体現者だ。

他方、民族浄化や国境をまたぐ「住民交換」は耐え難い試練を人々に強いてきた。かつて西側へ脱出を試みれば射殺された国境を、今では欧州連合を目指す難民が逆方向に越えようとする。

米新政権の国境管理（国境警備や違法移民の強制送還等）は多くの庶民の不満を吸収するが、他方で人種差別さえ正当化しかねない。移民や難民の受け入れを理念としてきた欧州でもイスラム排斥を叫ぶ極右勢力が伸長する。日本では実利的な理由で財界が外国人労働力拡大の旗をふるが、政治難民は水際で排除する。

国境という強制装置は政治的・経済的利害（国民国家）や文化的同質性（共同体主義）で説明されてきたが、膨大な移民・難民と排外主義の対峙の中で、もっと柔らかな解を求めてその意味を問い直す必要がある。

国家でさえ自明でない。J・スコット著『ゾミア 脱国家の世界史』（みすず書房、二〇一三年）は何千年にもわたり東南アジアの広大な辺境で、強大な水稲国家の支配を脱するために敢えて国家という戦略を取らなかった多くの高地少数民族について教えてくれる。

☞『国境』

Kapka Kassabova, *Border: A Journey to the Edge of Europe*, Granta Books, 2017

◉権力のオーラ（2017.8.31）

巨匠の絵画には模写や贋作にはない何かがある。オーラ、つまり創作の輝きや余韻だが、写真や映画などの複製技術で消え去る運命にある（W・ベンヤミン「複製技術時代の芸術作品」ちくま学芸文庫など）。一流の演奏や演劇にも「今、ここ」の会場全体で共有される身体感覚がある。だが、臨場感さえ再現する音響技術でライブ演奏のオーラは揺らいでいる（山田陽一『響きあう身体』春秋社、二〇一七年）。

神権や王権に伴うオーラは消滅して久しいが、A・ワイナー『譲渡不能な所有物』（未訳）は、国家や文字のない南太平洋の部族社会で族長がどう権力を維持したかを論じている。マオリ族は、祖先の栄光の口頭伝承を彫像や衣服で表して聖別し、その複製などを血族に分与して政治的権威を維持したという。ものにオーラを纏わせたわけだ。クラ・リングもこう理解すべきだとして、贈与論に衝撃を与えた。

日本人には皮膚感覚で分かるはずだ。かつて天皇・皇后の肖像写真を御真影と称し、学校ではオーラを感得させるべく最敬礼を強制した。恩賜の時計や煙草はもちろん、小銃までも下賜されたものと見なされた。

教育勅語などの戦前日本への回帰願望は空しい。「国体」の内実は国内の抑圧と無謀な戦争で露呈し、そのオーラは敗戦で霧消したのに、いつまで昨夜の夢にしがみつくのか。

☞『譲渡不能な所有物』

Annette B. Weiner, *Inalienable Possessions: The Paradox of Keeping-while Giving*, Univ. of California Press, 1992.

戦争

◉国防民営化の悪夢（2013. 1. 3）

初夢にしては縁起が悪いが、自民党の選挙公約に沿って憲法改正で国防軍が創設されるものとしてみよう。どのような事態になるだろうか。

まず、軍備増強が可能になる。徴兵制は世論の支持を得られないから志願制を取る他はないが、防衛省の『防衛力の人的側面』（二〇〇七年）が懸念するような自衛隊への応募状況では、精強な軍創設もおぼつかない。そこで国防の外注化・民営化が不可避となる。こうして初めて、強い小さな国家と自由市場を掲げる新自由主義は理念の上で完結する。「世界で一番企業が活動しやすい国」を目指す新政権の親ビジネス路線とも符合する。

軍は大学のキャンパスで募集活動を始めるだろう。積極的な将兵募集は、柔軟な労働市場を求める財界の要請にもぴったりだ。非正規や失業中の若者の生計とキャリア形成を、国防の大義名分で国が面倒をみることになるからだ。軍需は内需拡大に直接結びつき、輸出産業にもなる。低コスト高品質の殺人機械の需要は日本だけではない。今後は家電やクルマではなく、日本製の精密兵器を世界に売り込むのだ。

短兵急の核武装は米国との摩擦を引き起こすのでありえない。だが長期的には選択肢になる。その時のためにも、プルトニウムを生み出す原発は維持する必要があるというわけだ。原発御三家の日本企業は軍需産業でも要を占めるだろう。兵站、情報収集、警護等の軍需に応じて、土木・建設、外食、セキュリティ、通信等の企業はＰＭＣ（民間軍事会社）へ脱皮するであろう。

いうまでもなく国防民営化には負の側面がある。米国ではＰＭＣの中東でのふるまいが問題視されてきた。

問題の第一はＰＭＣの非効率性だ。二〇一一年公表の米国議会報告書『戦時契約の転換』によれば、テロとの闘いで一時二十五万人以上のＰＭＣ社員が米国当局と契約関係にあり、中東の戦争で二千億ドル以上が支払われた。だが、その内六百億ドル程度までの無駄があったという。効率化を狙った戦争民営化が逆に非効率の極みだったのだ。

第二の問題点は、民間人の戦争責任だ。悪名高いイラクのアブグレイブ監獄ではＰＭＣ社員も捕虜訊問に関わっていた。二〇〇七年九月のバグダッドの事件では、要人警護のＰＭＣ社員の無差別発砲によって市民十七人が巻添えで犠牲となった。かれらの犯罪は法の空白地帯にあり軍法会議では裁けない。そもそも企業は利潤追求のために戦争に加担してよいのか。

別の深刻な問題もある。「軍産複合体」の問題を指摘したアイゼンハワー大統領の告別演説（一九六一年）は有名だが、大統領は国民生活の軍事化を心配したのだ。日本でも国防をめぐる政治的論議は様変わりする。米国で軍事費削減がタブーであるように、日本でも平和主義は非現実的と一蹴されて軍事費は聖域化するはずだ。何しろ、巨大な中国や暴発気味の北朝鮮が相手だから、軍事費はいくらあっても足りなくなる。

しかし、ここまでの話は画竜点睛を欠く。財界保守派にとっては理想郷（貧困層には暗黒郷）を実現するためには、実際の戦争が必要になる。米国が経験してきたような一連の大規模な戦争があって初めてこの話は成り立つことに注意すべきだ。

☞『戦時契約の転換』は二〇〇八年に設立された米国議会の超党派研究班の報告書である。Commission on Wartime Contracting in Iraq and Afghanistan, *Transforming Wartime Contracting: Controlling Costs, Reducing Risks*, Aug. 2011.

傭兵（民間軍事会社）によるバクダッドの乱射事件は広く報道された。たとえば James Glanz et al., "From Errand to Fatal Shot to Hail of Fire to 17 Deaths," New York Times, Oct. 3, 2007.

◉アンノウン・アンノウン（2014. 5. 22）

二〇〇二年、米国防長官ラムズフェルドは記者会見で迷言を吐いた。不測の事態には可能性を察知できるもの（ノウン・アンノウン）もあれば、それさえできないもの（アンノウン・アンノウン）もあるという。実際、戦争は全くの想定外に満ちている。

米ソ冷戦の頂点、一九六二年十月のキューバ危機も想定外の連続で、米軍強硬派はキューバ侵攻を主張したが、カストロは上陸する米軍に戦術核で対抗する計画だった。そうなれば核の応酬が避けられない。米海軍の対潜爆雷で警告を受けた、孤立したソ連原潜内でも核弾頭付きの魚雷で対抗すべきかどうか、艦長と副艦長で深刻な対立があったという。つまり、キューバ危機は一連の幸運によって紙一重で第三次大戦に至らなかったのだ。これが分かったのは冷戦後で、当事者たちも後から実情を知って驚愕したという。核抑止論は机上の空論だった。

自衛隊が海外で戦争するとなると、次々に起きるはずの意外な展開に振り回されるのは政権首脳だけではない。戦闘や国内テロで百人規模の死者が出れば世論は反戦・厭戦に傾くか、情報操作されて憤激と報復への熱狂に支配されるか、予見不可能だ。

憲法九条の意味は戦争という不確実性を予め封じる点にもある。みずから体をマストに縛り付け、国民を戦争に誘い込む歌声に応じない覚悟が必要なのだ。

☞この表現そのものは米国の防衛知識人などの間で早くから使われていたものであるが、ラムズフェルド長官の発言で一躍有名になった。この発言は、二〇〇二年二月十二日の記者会見で、イラクが大量破壊兵器を保有している証拠について質問された際の回答である。直訳すると、「ノウン・アンノウンの事態がある、つまりわれわれがそれを知らないことに気が付いている場合だ。だが、アンノウン・アンノウンの事態もある。つまりわれわれがそれを知らないことにさえ気が付いていない場合だ。」キューバ危機に関しては、この節の後出「キューバ危機の教訓」（2016. 12. 8）も参照。

◉ブレア元首相の戦争犯罪（2014. 6. 5）

二〇〇三年のイラク侵攻に始まった戦争は、宗教間・部族間の対立に暴力を持ち込む結果となり、イラク全体を軍事的抑圧と自爆テロの破壊の地と化した。市民の犠牲者は十万人に及ぶとの推計もある。

そのイラク戦争に英国を引き込んだブレア元首相に注目が集まっている。戦争の口実にした大量破壊兵器やフセイン政権とテロ組織との連携は実際にはなかっただけではなく、参戦時にブレア氏は侵攻の違法性を無視し、意図的な情報操作をした可能性が高い。

退任後の二〇〇九年にブレア氏は、大量破壊兵器の口実がなくてもイラクに侵攻していたはずと自ら認めた。さらに、米国のブッシュ大統領とブレア氏がイラク侵攻に密かに合意したのはその一年程前だとのかねてのうわさが、今年中に英国調査委員会で確認されるはずだ。二人は初めからイラクの軍事的制圧を狙っていたのだ。大量破壊兵器や欧米流民主主義の樹立など、口実や理屈は何でもよい。

一昨年には反アパルトヘイト闘士でノーベル平和賞受賞のツツ大司教が、二人を国際司法裁判所に引き渡すべきだとさえ主張した。

一人の政治家が、国民や議会を欺き英国を戦争に引き込むことができたという事実をどう考えるべきか。このまま安倍政権が突っ走って戦争が起きれば、日本の政治家にもハーグ行きを求める日がやってくるのか。

☞英国議会の七年越しの公式調査の結果、二〇一六年七月公表の「チルコット報告書」で上記の事実が確認された。

●組織としての日本軍（2014. 8. 14）

自衛隊が海外で戦う可能性が無視できないとすると、懸念材料が山ほど出てくる。旧日本軍は大切な教訓だ。軍事的敗北を経営戦略の失敗と見立てる議論があるが、国民的基盤の欠如と組織病理の方がもっと深刻だ。

侵攻した先では、軍律違反のはずの略奪・放火・強姦・殺戮が兵士の抑圧感情のはけ口として黙認された。私的暴力は仲間にも向かった。内務班とは三十人程度の兵士の共同生活の場であるが、将校も口出しできない掟が支配し、凄惨なリンチやいじめが公然と行われた。内務班は命令系統のエアポケットで、恣意的な暴力が許される私的領域だったわけだ。

逆に、世間知に長けた者はミクロ権力にうまく適応できた。二十歳の田中角栄は入隊当初ひどく殴られたものの、持ち前の才覚と要領で直ぐに酒保・糧秣係りとなり、実際の戦闘を経験していない。敗戦で天皇制の箍が外れると、各部隊内で軍事物資を分配し、日本軍はあっけなく消滅した。米軍への民衆の抵抗は全くなかった。虚像の皇軍は損得ずくの私的原理に分解し戦後が始まる。

教訓は何か。かりに集団的自衛権が法律となっても、国民的合意がないのに実際の戦闘をだれが担うのか。さらに、一連のいじめ自殺で明るみに出た自衛隊の隠蔽体質や私的制裁にどう対処するのか。

●狂気と悪の政治的利用法（2015. 2. 5）

米ソ冷戦たけなわの一九五〇年代、米国の防衛知識人に「狂人理論」が広まった。国際交渉では、何をしでかすか分からない、常軌を逸した輩だと相手側に思わせるのが得策だという考えだ。ヒトラーが軍事的に劣勢でも戦争を辞さない構えで英仏に迫り、チェコの一部を割譲させたミュンヘン会議（一九三八年）の例がよく挙げられる。

この理論を仕入れたキッシンジャーの進言で、一九七〇年代にニクソン政権は北ベトナムを脅しつけるために、中立国カンボジアに無差別絨毯爆撃（第二次大戦の投下爆弾総量を上回る）を行ったと言われる（D・エルズバーグ『秘密』未訳）。意図せざる結果が怨念を抱いた農民らのポルポト派への集結だった。

九・一一以降、ブッシュ政権は敵対勢力を極悪人とか悪の枢軸などと呼んで中東へ侵攻したが、十余年を経てアフガン・タリバンは復活し国土と人心を掌握しつつある。他方、イラク戦争の死と荒廃から生まれた「イスラム国」は悪のレッテルを逆手にとり、自爆テロ・斬首・公開処刑など、人の生死を操って狂気と恐怖を振りまく。かつてのネオコンの「衝撃と畏怖」作戦の裏返しだ。

憎悪と暴力が渦巻くのが中東の現実だ。国際政治の舞台に登場したいという一政権の思惑で、日本人は際限のないテロや戦争の世界に迷い込むのか。

☞『秘密』

Daniel Ellsberg, *Secrets: A Memoir of Vietnam and the Pentagon Papers*, Viking Adult, 2002.

●空からの監視と懲罰（2015. 5. 14）

一九二一年、大英帝国はイラク駐留の陸軍を撤収し、広大な国土を空軍で統治するという画期的な方針を決めた。神出鬼没の武装勢力を鎮圧するためだが、本国の厭戦論への対応策でもあった。

新設の中東局の要には、後の首相のチャーチルやゲリラ戦専門家の「アラビアのロレンス」が就いた。上空からの一望監視と不意打ちの空襲による恐怖支配の目論みだが、非戦闘員が巻添えになることは黙過された。

気鋭の歴史家、P・サティア氏の『アラビアのスパイ達』(未訳)は植民地支配の内実を時代精神や当事者の葛藤にまで踏み込んで解明する。空からの恐怖と懲罰は第二次大戦の英米の戦略爆撃(日独の都市への大空襲)につながっていく。

歴史は同じ形では繰り返さないが、大英帝国の轍を踏むかに見えるオバマ政権の対テロ・中東戦略には懸念の声が多い。毎週のように大統領自ら暗殺リストからドローンの標的にする人物を選ぶという。だが、上空からは特定個人を識別できない上に、必ず家族や市民が巻き添えになる。オバマ政権は中東の現地住民の犠牲は公表しないし謝罪もしない。なるほどドローンは地上兵力のように高コストでもないし、米国世論の反対もない。だが、大英帝国の支配の記憶は米国への民衆の憎悪を一層掻き立てる。

☞『アラビアのスパイ達』

Priya Satia, *Spies in Arabia: The Great War and the Cultural Foundations of Britain's Covert Empire in the Middle East*, Oxford Univ. Press, 2008

◉憲法九条の普遍的価値(2015. 7. 23)

十八世紀の終わりに『永遠平和のために』と題する小冊子が出版された。近代哲学の開祖I・カントの晩年の著作だ(池内紀氏の抄訳が最近復刊された)。

欧州の戦乱や列強による植民地化の暴虐を背景に、国内の共和制や国家間の平和連合を打ち立てることを主張し、国家の枠を超えた世界市民の権利まで視野に収める雄渾な議論である。

カントは国家が人々を殺し殺される道具にする戦争を根本的に否定し、常備軍廃止を長期目標に掲げるが、自衛のための戦争は許容する。民族間の敵意に人間の邪悪な本性が現われる、殲滅戦の後の平和は巨大な墓地に訪れる、権力にしがみつく政治家は国民を犠牲にするのも厭わない等の鋭い警句が散りばめられている。

それから二百年後、ドイツの哲学者J・ハーバーマスは永遠平和論の現代版を構想する中で、政治家の戦争責任や戦争そのものの犯罪性を追求し、グローバルに人権侵害に目を光らせる超国家的な機関の充実を主張する。

押し付け憲法だから改憲すべきだとか、東京裁判は勝者の懲罰だという議論は余りにも浅い。世界市民、永遠平和、基本的人権などは確かに欧州が生み出した理念だが、憲法九条を「平和に生きる具体的権利」として実現していくことこそ日本人の使命ではないか。

☞ユルゲン・ハーバーマス『他者の受容――多文化社会の政治理論に関する研究』、法政大学出版局、二〇〇四年。

◉なぜ核兵器は特別か（2015. 8. 6）

百年前、ドイツ軍が初めて戦場で毒ガスを使った。直ぐに毒ガスの報復攻撃が始まり、両陣営で被害が広がった。科学が産業技術と結びついて戦争に応用された最初の事例だ。三十年後、原爆が日本の二都市へ投下された。科学の粋を集めた米国の巨大国家プロジェクト（マンハッタン計画）の成果だ。

ＡＢＣ兵器（核、生物、化学の兵器）には特別の忌避感が伴う。国際的な禁止条約や不拡散条約もある。特に核兵器は広島・長崎以降、度重なる戦争でも使われなかった。なぜか。

米国の防衛知識人の大御所で、ベトナム戦争の戦略立案にも参画したトーマス・シェリングはこう説明する。戦術・戦略の観点からは核兵器と通常兵器に本質的差異はなく、その特別視は半世紀間の歴史的偶然の結果であり、国際慣行、非合理な信念、神話でしかない。

米国の核物理学者の中には、広島への原爆投下はその後の世界には幸運であったとさえいう者がいる。第二次大戦後の核兵器のタブー化が、遡って原爆投下を正当化するというわけだ。

このような倒錯した戦略思考が見落としているのは、ＡＢＣ兵器の本来的な無差別性だ。敵が斃れるだけではない。子孫を含めてわれわれ全員が犠牲者となる可能性がある。悲惨な被曝体験を通して、人類という範疇がおのずから析出されるのだ。

☞「ヒロシマ」論。

Thomas Schelling, "The Legacy of Hiroshima: A Half-Century Without Nuclear War," *Philosophy and Public Policy Quarterly*, 20-2/3, 2000; Thomas Schelling, "An Astonishing Sixty Years: The Legacy of Hiroshima," Nobel Prize Lecture, Dec. 8, 2005; Alvin M. Weinberg, "The Sanctification of Hiroshima," *Bulletin of the Atomic Scientists*, 4-11, 1985.

◉殺戮の遠近法（2015. 8. 13）

一九四二年七月のある朝、占領下ポーランドのユダヤ人村をドイツの治安警察が急襲した。成年男子を除いて、老人・女性・子どもは処刑せよとの命令に従い、部隊はためらいつつも約千五百人の銃殺を実行した（ブラウニング『普通の人びと』）。

この部隊は故郷に家族や仕事をもつごく普通のドイツ人からなるが、他でも殺戮を繰り返し、無抵抗の約四万人を殺した。殺す側は返り血を浴び、阿鼻叫喚は耳元に迫る。

中国大陸で捕虜や民衆に暴虐の限りを尽くした情報将校も、戦後は悪夢にうなされる夜が続いたという（鵜野晋太郎『菊と日本刀』）。総力戦では国民が戦争を担い、膨大な戦死と心身の傷を引き受ける。だが戦略爆撃（日独都市への大空襲）や原爆投下で事態は根本的に変化する。専門の部隊が無差別殺人を担当し、自国民にはそれを正当化する宣伝を行うのだ。いまだに米国民の大半は原爆投下で日本の敗戦が早まり多くの命が救われたと信じている。

中東やアフリカなどの「オバマの戦争」ではドローンや特殊部隊を投入し、厳重な情報統制を敷く。イラク戦争に倦んだ米国民は戦争業務を専門部署に委ねて、帰還兵の心身の傷やドローン攻撃の巻添え死に目をつぶり、戦争から距離をとる。日本人も将来、米軍支援の自衛隊に同じ態度をとるのか。

☞クリストファー・R・ブラウニング『普通の人びと　ホロコーストと第１０１警察予備大隊』、筑摩書房、一九九七年。鵜野晋太郎『菊と日本刀』上下、谷沢書房、一九八五年、絶版。

●基地国家と従属国家（2015. 9. 24）

東日本大震災の直前に米国務省高官の舌禍事件が起きた。沖縄総領事も務めたこの人物は、学生らを前に「沖縄はゆすり・たかりの名人で、米軍基地をネタに政府から予算を引き出す」との発言をしたらしい。

米国のエリートにありがちな偏見と傲慢は、米国の対外的膨張の歴史を背景とする根深いものだ。米軍は全世界に約八百もある海外基地に約五十万人の軍人と家族を駐留させている。

旧帝国主義の植民地の代わりに、軍事基地をグローバルに張り巡らせて政治的影響力と経済的権益を担保するというわけだ。つい先日、翁長沖縄県知事が国連委員会で自治と人権がないがしろにされていると訴えたように、日米地位協定で沖縄と日本は植民地に近い状態だ。

人類学者D・ヴァイン氏の近著『基地国家』（未訳）は、沖縄を含めて全世界の米軍基地が引き起こす問題を論じている。基地の存在そのものが米軍人の犯罪や環境汚染や人権無視を引き起こし、反米感情を醸成するという。米国内では海外基地のコストとリスクを見直そうとする議論が起こりつつある。

かつて岸信介は米国の力を利用して、日本の権益と自分の政治生命を確保するという屈折したナショナリストの心性を持っていたといわれる。われわれの首相も確かにこれを受け継いでいる。

☞『基地国家』

David Vine, *Base Nation: How U.S. Military Bases Abroad Harm America and the World* (The American Empire Project), Metropolitan Books, 2015.

◉戦争の科学技術（2015. 10. 1）

今日、防衛装備庁が発足した。軍需品の調達・研究開発・輸出等をカバーする防衛省の外局で、防衛予算の約4割を管掌する。

防衛省は大学などへ紐付き研究費の支給も始めた。これに呼応するのが、先頃出された経団連の提言で、防衛産業振興の旗を振る。見事な産軍学の連携だ。

装備庁と防衛産業の癒着も懸念されるが、深刻なのは科学技術の行方だ。今回、防衛省の研究に採択された理化学研究所（理研）の前身も戦争協力の過去をもつ。「科学主義工業」が富国強兵に役に立つと信じた大河内正敏は、日中戦争の拡大に乗じて理研を新興財閥に育て上げたが、当然のように軍部からの協力要請に応じた。日本の原爆開発計画も理研の研究だ。

米国はさらに大がかりだ。原爆開発のマンハッタン計画やベトナム戦争の際の物理学者の諮問団「ジェイソン」や国防高等研究計画局等で、多くの科学者が直接、間接に戦争に協力した。ブッシュ政権では心理学者が拷問の技術を講義したとされる。

防衛産業を擁護する向きは必ず「二重用途」に言及する。軍事技術の民間転用や有用な民需製品の軍事利用は不可避という主張で、事実、米国防総省はＩＴ企業取込に躍起となっている。

だが、だからこそ反戦を胸に刻んだ科学者と市民による権力の監視が必要なのだ。

◉ナパーム（2016. 7. 21）

アップルパイのように米国的という表現があるが、ガソリンや増粘剤からなるナパーム（焼夷弾）も破壊と殺戮と生産の効率性の点で米国的な発明だ。ハーバード大学の化学者が軍部の要請で開発し、ダウ・ケミカル社などが大量生産を引き受けた産軍学協同の成果だ。開発費は原爆の五千分の一。

この兵器で無差別に市民を殺した日本への戦略爆撃は、指揮にあたったルメイ少将や副官マクナマラ（ベトナム戦争時の国防長官）が自ら認めたように戦争犯罪だ。人体は燃焼し融解し炭化する。米国は太平洋圏、朝鮮半島、ベトナム、中東を舞台とする四つの戦争を通じてこれを使ってきた。朝鮮戦争では地上の惨状を見てマッカーサー元帥は嘔吐したと伝えられる。

邦訳近刊のR・ニーア著『ナパーム空爆史』（太田出版、二〇一六年）はナパームを主人公と見立て、その誕生から戦場や米国外への急速な普及を経て、反戦運動の標的となって凋落するまでを描いた力作だ。ナパームはハリウッド映画の中で米国の倒錯と残酷さを表す象徴となる。

殺された者の苦痛と無念はわれわれの想像力を越える。東京大空襲の証言などから推し量るしかない。ナパームから現在のドローン攻撃まで、無数の体験を貫く歴史の縦糸は殺す側と殺される側の両面から再構成しなければならない。

◉キューバ危機の教訓（2016. 12. 8）

一九六二年十月、米ソ両国はキューバ配備の核ミサイルをめぐって対決を深めた。全面核戦争の一歩手前の事態だった。時代背景や各国の内情や意思決定の推移など、今でも政治学の重要なテーマだ。後に背筋も凍る新事実が次々に明らかになった。米軍幹部はソ連による局地戦用の戦術核配備を知らずにキューバへの全面侵攻を主張したが、ケネディ大統領がこの進言に従っていれば、核攻撃のスパイラルで無数の人命が失われたはずだ。

核戦争の時代にはわずかな情報の欠如や判断のミスで取返しのつかない結果を呼ぶことになる。

米次期政権を待ち受けているのは、米ソ対立より数段複雑化した世界、多極化と分断と混乱の世界だ。イスラム過激派が退潮の気配を見せると、内部テロが欧米社会を脅かす。中東やアフリカでは内戦と独裁が例外ではなく、核武装は北朝鮮やイランにも広がりつつある。グローバルに八百以上の軍事基地を張り巡らし、中国の四倍、ロシアの十倍という圧倒的な軍事予算をもつ超大国の米国でも統治は困難になる一方だ。

トランプ氏は中東への不介入方針を示す一方で、米軍の人員と装備を格段に増強し、過激派組織イスラム国を壊滅するとの公約を掲げる。米国民は危機の時代に最悪の指導者を選んでしまったのか。

☞キューバ危機研究は政治学の分野のコテッジ・インダストリー（零細産業）であるといわれるが、危機管理の実態――次々に新たな情報がもたらされ、状況認識も刻々と変化するために、事前に策定した戦略も役に立たないといった実態――を考えるうえで、極めて重要なケース・スタディとなる。政治学者の研究や当時の国防長官マクナマラの回想録などの多くの文献がある。旧ソ連崩壊後に、ロシア側からもたらされた新たな資料もある。最近の研究をひとつだけ挙げる。マイケル・ドブズ『核時計零時一分前――キューバ危機13日間のカウントダウン』NHK出版、二〇一〇年。

マクナマラ元国防長官については、後出の2017.9.7のコラム「感情移入」を参照。

●奇襲と報復（2016. 12. 22）

旧日本軍の真珠湾攻撃と原爆がもたらした惨状は、戦後の米軍事戦略を貫く原イメージとなった。奇襲に成功しても核の報復を受ければ元も子もない。恐怖の均衡が米ソ冷戦の基本的論理となった。最近物故したトーマス・シェリングらの防衛知識人は、恐怖の均衡の上でこそ通常兵器で限定的戦争に勝てると主張したが、ベトナム戦争の泥沼化でこの主張は破綻した（F・カプラン『終末戦争の魔術師』未訳）。

現代の大量破壊兵器は核からＩＴ（情報技術）に替りつつある。ロシアは今回の米大統領選に情報操作で介入したといわれているが、米国がイランの情報網にウイルスを忍ばせて遠心分離機を誤作動させ、核開発を阻止した方が先例だ（他国の選挙への介入も米国の得意技）。

この作戦はＩＴを兵器として使う点で時代の転換を画する。米軍には一国のインフラ（情報網、電力網、上下水道、原発等）を機能停止させる実力があるといわれる。だが、米国のインフラは他国以上に情報網に依存しているため、報復があれば経済や社会に大きな被害が及ぶ。オバマ大統領がロシアの懲罰をためらうのにはこの理由もある。

サイバー戦争でも各国は恐怖の均衡を壊さずに限定的作戦を行う必要に迫られるが、戦略的理性の次元にとどまる限り妙手は見出せないように思われる。

☞『終末戦争の魔術師』
Fred Kaplan, *The Wizards of Armageddon*, Stanford Univ. Press, 1991.

●感情移入（2017. 9. 7）

辺境の独裁者と超大国の新手のファシスト。今回の朝鮮半島危機の主役だ。軍事的解決は極東で広島をはるかに上回る悲惨な事態を招くが、五十五年前のキューバ危機からわかるように想定外の連鎖で核戦争に至る確率も無視できない。

元・米国防長官マクナマラはキューバ危機の当事者の一人で、ベトナム戦争を主導して反戦運動の標的になった人物だが、晩年の反省から教訓を引き出している。その第一は「敵に感情移入せよ」。同情せよというのではない。交錯する思惑から好手をひねり出すといった戦略的合理性でもない。敵の動きが歴史や文化や組織にどう依存しているかを見極めようというのが真意だ。

金正恩を尊属殺人まで犯す残忍な三代目としたり、米大統領を自己愛だけで動く、知性も倫理観もない俗物としたりするだけでは足りない。北朝鮮の核武装は米国の圧倒的な力への恐怖を基にしている。他方、昨年の大統領選は米国社会の大転換を反映する。

核兵器、世界中の基地、要人暗殺などの秘密作戦からなる軍事力や、経済力や科学技術などで支えられてきた米国の覇権が崩壊しつつあるのだ。トランプ政権は帝国衰亡の兆し、米国の自己破壊の衝動そのものだ。

日本人は原発と核兵器の二つの核を直視し、不安の中で正気を保つ術を見出さなければならない。

☞ロバート・S・マクナマラ『マクナマラ回顧録 ベトナムの悲劇と教訓』共同通信、一九九七年、『果てしなき論争 ベトナム戦争の悲劇を繰り返さないために』共同通信、二〇〇三年、『フォグ・オブ・ウォー マクナマラ元米国防長官の告白』DVD、二〇〇五年。

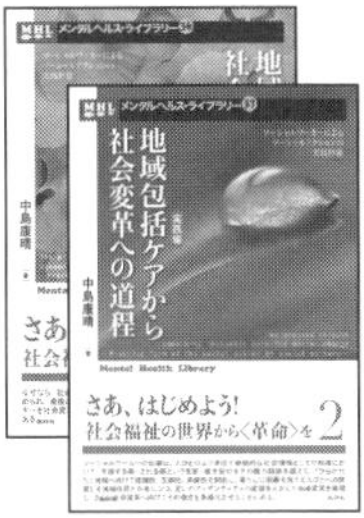

中島康晴◉著　メンタルヘルス・ライブラリー36,37

地域包括ケアから社会変革への道程【理論編】／【実践編】

●ソーシャルワーカーによるソーシャルアクションの実践形態

さあ、はじめよう！ 社会福祉の世界から＜革命＞を――

一般人も取り込んだ「まちづくり」の拠点となる施設を運営しているNPO法人「地域の絆」の地域に密着した活動とその発展を記録した理論と実践。　◆A5判並製／200P・208P／本体各1800円

高木俊介◉著　*Psycho Critique 5*

ACT-Kの挑戦［増補新版］

●ACTがひらく精神医療・福祉の未来

ACT-K誕生から10年以上の歳月が過ぎた。24時間365日、統合失調症など、重度の精神障害をもった人たちと共に生きる地域包括ケアの実践は、この国の精神医療・福祉のひとつのささやかな到達点だったが、10年の間に生じたこの国の変化は、この小さな試みにも大きな危機をもたらしている。その壁を打ち破り、地域に根付いた新たな実践をめざす再挑戦の記録。◆四六判並製／200P／本体1700円

伊藤昭男◉著

観光ビジネス・エコノミクス概論

●地方における新たな市場創出に向けて

地方都市は如何にして1・2次産業からの転換を果たせるか？
地方の観光ビジネス・経済の振興と関連産業の展開について複数のロジックを組み合わせ、「モノ」から「人」へ、観光イノベーションの創造力を牽引力とした地方観光ビジネス・経済の変革戦略を探究し、関係諸科学を横断する。　◆A5判並製／192P／本体2200円

田中萬年◉著　PP選書［Problem&Polemic：課題と争点］

「教育」という過ち

●生きるため・働くための「学習する権利」へ

"education"=「教育」は誤訳である――。現代では「教育を受ける権利」を「学習する権利＝職育学」に転換し、学習権を支援することで個人の自立意識を育みつつ、一人ひとりの個性を活かすような変革が求められている。「教育勅語」の呪縛から子どもたちを解放し、教育から職育へサキドリする一冊。◆四六判上製／272P／本体2500円

井原裕◉著

うつ病から相模原事件まで

●精神医学ダイアローグ

精神科医療における強制治療はあくまでも「必要悪」である――

「うつ病」「クスリ」の問題に加え、相模原事件報道の際にも散見された「医療への責任転嫁」「精神科医の権限への誤解」等について、精神科医療界の「常識」と「タブー」を覆し、相模原事件をテーマに精神科医療と治安政策を考察する。◆四六判並製／184P／本体1700円

八木晃介◉著

生老病死と健康幻想

●生命倫理と優生思想のアポリア

優生思想（社会ダーヴィニズム）と健康幻想（ヘルシズム）の反知性の論理を抉り出す――『健康幻想の社会学』『優生思想と健康幻想』に続く3部作！

近代合理主義的な差別的生命倫理を「無我・無常」をベースにした仏教的縁起論によって否定し、その延長線上に新たな生命倫理をうちたてる可能性を追求する。◆四六判上製／344P／本体3000円

渡辺瑞也◉著

核惨事

●東京電力福島第一原子力発電所過酷事故被災事業者からの訴え

福島第一原発事故の避難指示区域圏内である南相馬市小高区の小高赤坂病院病院長である著者が、自らの体験談を踏まえ、6年目を迎えて薄れつつある原発被災の恐ろしさを伝えながら、原子力発電の科学的困難と災害後の医学的問題・被災者の補償にまつわる法律的な複雑さを啓発する。◆四六判並製／276P／本体2500円

副田 護◉著

中欧の街角から

●ポーランド三都市・ウイーン旅行記

結婚指輪は右手薬指――石畳を早足で歩くピンヒール美女――

死のアウシュビッツに生の痕跡――中欧の大地は常識を否定した。

多言語社会の中で街行く民衆との交流を育み、異文化共生のなかで培われた歴史の痕跡を、今に残る建築物や遺跡、絵画や彫刻に探った"むささび"旅行記。◆四六判並製／256P／本体1800円

礫川全次◉著

雑学の冒険 ●国会図書館にない100冊の本

『日経』『毎日』『東京』他各紙誌掲載、好評第2刷！


「国会図書館にない本」にはどのような本があり、どのような理由で所蔵されなかったのか？　国会図書館という制度の外にある書誌学の世界から、雑学という際限のない知の発見を眺望する。

「独学」「在野学」から「雑学」の冒険へ！　書物を愛するすべての人たちへのメッセージ。　◆四六判並製／224P／本体1700円

礫川全次◉著

在野学の冒険 ●知と経験の織りなす想像力の空間へ

＜在野＞に学ぶ人たちがどのように優れた研究をいかに究めてきたのか。＜在野＞にこだわるなかで、アカデミズムの域を超えて新たな知と経験の地平を切り拓く想像力の空間へ——

自由な＜独＞学の冒険から闊達な＜在野＞学の冒険へ読者をお誘いする一冊。【執筆】山本義隆・藤井良彦・芹沢俊介・八木晃介・高岡健・副田護・大日方公男。　◆四六判並製／208P／本体1700円

神田宏大・大石一久・小林義孝・摂河泉地域文化研究所◉編

戦国河内キリシタンの世界

1564年、三好長慶の拠点・河内飯盛城において武士70数人がキリスト教の洗礼を受けたことから、宣教師フロイスが描いた織田信長・豊臣秀吉とキリシタンの世界が始まった。戦国キリシタンの聖地・河内の興亡史とその遺跡を巡る。　**2刷**◆A5判並製／352P／本体3000円

新井 勉◉著

大逆罪・内乱罪の研究

天皇・皇族に対する大逆罪は幸徳秋水らの大逆事件に適用され、戦後憲法の下で削除されたが、一方で内乱罪は2.26事件のような大事件にも適用されることなく、明治40年の古色蒼然たる条文が1995年まで存続していた。日本刑法史における大逆罪・内乱罪の成立過程と変遷、その事例について、古文献から判例記録にいたるまで詳細に検証した初の本格的研究書。　◆A5判上製／288P／本体3200円

礫川全次◉著　SERIES事件と犯罪を読む

戦後ニッポン犯罪史［新装増補版］

戦後ニッポンで勃発した53の事件と犯罪の実相を解読し、転変する世相と社会の変容を検証する。
さらに増補版にあたって、「補論:オウム真理教事件について考える──宗教と国家に関する犯罪論的視点」を付し、宗教と国家をめぐる犯罪論的視点からオウム事件の重大な意味を問う。

◆四六判並製／344P／本体2500円

森 達也＋礫川全次◉著　SERIES事件と犯罪を読む

宗教弾圧と国家の変容

●オウム真理教事件の「罪と罰」

国家が宗教を弾圧する場合、必ずと言っていいほど、一般犯罪と絡めて弾圧する。オウム真理教事件が勃発するとマスメディアは国家意思に迎合して真相解明を拒否し、犯罪者集団としてオウム教団を喧伝した。オウム真理教事件を契機に、この国は変容した──その実相と構造を解読する。

◆四六判並製／192P／本体1700円

安本美典◉監修　志村裕子◉現代語訳

先代旧事本紀［現代語訳］

『先代旧事本紀』（十巻）は、『古事記』・『日本書紀』と並ぶ三大通史書であり、自然や祭祀と密接な古代人の精神文化を背景に、物部氏の立場から日本古代を通史的に記したものである。
最古とされる卜部兼永の写本（天理図書館蔵・国重要無形文化財）の現代語訳に詳細な註記を付し、謎多き古代史の実相を解き明かす研究者必読文献。

2刷◆A5判上製函入／616P／本体6800円

山崎純醒◉著

義経北紀行伝説【第一巻 平泉篇】

『吾妻鏡』に記された正史の虚構を覆す!

ヤマト朝廷によって編纂された正史に基づく義経自害説を、大胆な発想と緻密な検証をもとに覆し、隠蔽された事実の背後に潜む真実の実像をえぐり出す。藤原秀衡死後、平泉を脱出し、延命した義経一行の実像を求めて、豊かな構想力と地道な実証研究によってその隠された軌跡を跡付ける。

◆A5判並製／332P／本体2800円

礫川全次◉編著 歴史民俗学資料叢書【第Ⅲ期・全5巻】

第1巻 ゲイの民俗学

女装とハード・ゲイとが共存する戦後日本の同性愛文化の謎に迫る。近代の〈男色〉から、戦後の〈同性愛〉への流れに着目しながら、昭和20年代の論考を中心に計23篇を収録。ゲイとレズ、性と生の象徴的意味を解読する。解説篇として礫川全次による「引き裂かれた同性愛——三島由紀夫における愛と錯誤」を巻頭に収録。

◆A5判上製／288P／本体4500円

第2巻 病いと癒しの民俗学

疾病や狂気が排除され、死が隠蔽された日常とは、〈癒し〉が忘れられた世界にほかならない。癒しが日常の世界から消失した今日、近代日本における医の歴史を歴史民俗学の手法で解読し、病いという苦悩を癒しと安穏の世界へ転換する民衆の心意を照射する20文献を収録した資料集。

◆A5判上製／240P／本体4000円

第3巻 性愛の民俗学

日本を代表する民俗学者・柳田國男は、人類史の初原にかかわる性愛の分野においてもその炯眼によって基層文化の深淵から注目すべき視点を抽出していたが、ついにそうした研究を極めることはなかった。近代日本国家のイデオローグ・柳田國男が考究を忌避した《性愛の民俗学》の空隙を埋める論考を網羅的に収録した研究者必読の文献である。

◆A5判上製／248P／本体4000円

第4巻 穢れと差別の民俗学

〈穢多〉に対する差別は、江戸後期以降、歴史的・社会的要因によって激化したが、その際、民衆の差別意識を支えたのが、〈穢れ＝ケガレ〉の観念であった。日本語である〈ケガレ〉と仏教に由来する〈穢〉観念の倒錯した、穢（え）＝穢れ＝ケガレの形成過程を検証しながら、差別の実相とナショナリズムの本質に迫る。

◆A5判上製／200P／本体3500円

第5巻 ワザと身体の民俗学

心身・身体への関心の高まりの背後には、人間存在への抜き差しならない不安と焦燥に怯える民衆の姿がある。不分明な時代の転換期に、ワザと身体、身体感覚、身体意識、心身相関の諸相を、芸能・技術関係の研究や文献を網羅し検証することによって、この現代の危機の実相を解読し、自然と人間との新たな相互関係を構想するための資料集。

◆A5判上製／248P／本体3800円

歴史民俗学資料叢書 第Ⅲ期解説編 身体とアイデンティティ

第Ⅲ期全五巻の「解説」「あとがき」に加え、本叢書全一五巻に未収の重要資料を補い、末尾に全一五巻の完結を踏まえての〈補論〉を付す。

◆A5判並製／224P／本体2000円

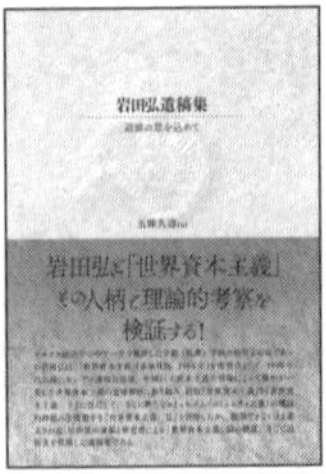

五味久壽◉編

岩田弘遺稿集 ●追悼の意を込めて

マルクス経済学における宇野（弘蔵）学派の異端的な存在であり、『世界資本主義』で多くの読者を惹きつけ、さらに新たなコミュニズム（コミュニティ主義）の理論的枠組みを構想しながらも志半ばで逝去した岩田弘。資本主義の世界市場編成を基軸として特異な視点で体系化した岩田弘の遺稿と、研究者による世界資本主義論の検証、追悼文を収録した遺稿集。　◆A5判並製／424P／本体3800円

姚 国利◉著

食をめぐる日中経済関係

●国際経済学からの検証

1972年、日中国交正常化を契機に急速に進展した日中経済関係の歴史を、日本の食品産業の海外移転（台湾、香港、中国）とその発展過程、さらに、廉価な中国産農水産物の日本への輸入過程をとおして、急激な成長と発展を成し遂げた中国巨大資本主義の登場とその影響を克明に跡付ける。　◆A5判上製／232P／本体2600円

山之内 幹◉著

特別支援教育における教育実践の研究

子どもたちが発する言葉にならない想いを感じ取ること。子どもたちに生きるための選択肢を教えること。子どもたちに寄り添うこと。今の私にはこの三つのことをいつまでも忘れずにいることだけだと思う。ことばとからだをこころがつなぐ、特別支援教育の実践記録。

◆A5判並製／176P／本体1800円

柿沼昌芳＋永野恒雄◉編著　［戦後教育の検証］

学校の中の事件と犯罪❶❷❸

教育をめぐる事件と犯罪の実態を、教師としての知性と感性と経験をもとに解読し、「戦後教育」「教育改革」の今日的状況を検証する。1945～1985年までの事件と犯罪を取り上げた第1巻、1986～2001年までを取り上げた第2巻、1、2巻未収録の1973～2005年までの事件を取り上げた第3巻で構成。各巻に「戦後教育事件史年表」を収録。

◆A5判並製／各200～216P／本体各1800円

◉兵営国家のトラウマ（2017. 9. 28）

先日の演説で米大統領は北朝鮮の完全破壊に言及した。完全破壊は北朝鮮の人々にはレトリックではなく、朝鮮戦争時の実際の経験だ。

米軍は一九五〇年九月の仁川上陸から北進し、十一月に中朝国境の鴨緑江付近で中国軍に遭遇する。反撃に驚いたマッカーサーは焦土作戦を命じる。国境から前線までのすべての施設・工場・町・村を破壊せよというのだ。動くものは何でも標的になった。

圧倒的な米空軍は北朝鮮の集中爆撃を続け、休戦までの約三年間、太平洋戦争で投下した量より多くの爆弾を投下した。平壌・清津・元山などは焦土と化し、工場は地下に移された。灌漑ダムも空爆され、食糧生産は大幅に減少。トルーマンとアイゼンハワーの両大統領は核兵器投入を視野に入れ、準備が行われた。

北朝鮮の犠牲者は二百万人、斃れた中国人兵士は九〇万人という。全朝鮮の人口の約十%、三百万人が犠牲になったという研究もある。米国や日本では朝鮮戦争は「忘れられた戦争」だが、彼らは覚えている。

国家存亡の北朝鮮は衝動的発言を続けるトランプ氏の真意を非公式に探っている。安倍政権は、危険ファクターになりつつある同氏への追従で日本の安全を担保しようとする。トランプ批判のメルケル独首相との品格の差は明らかだ。

ファシズム

●命と暮らし（2014. 6. 19）

目に焼きつく二つの標語がある。「アルバイト・マハト・フライ」（働けば自由になる）はナチスの強制収容所に高々と掲げられた。「原子力、明るい未来のエネルギー」は双葉町に懸っていた看板だ。ナチスは絶滅や強制労働に自由ということばを充て、原子力ムラは事故の恐怖を押し殺して明るい未来を語る。共通するのはことばへの冷笑的態度で、二つの標語は無頓着に作られたはずだ。だが、意味が逆転して不気味な実態が現われる。

集団的自衛権の例証のために、安倍首相が先月の記者会見で持ち出した「私たちの命と暮らし」や帰還船の「子どもたちやお母さん」に、本人や取り巻きたちは大した意味がないと思っているはずだ。実際、専門家が指摘するように挙げられた例には説得力がまるでない。

かれらの本当の願望は、情報と教育とメディアを統制し、抵抗を振り払って原発再稼働や沖縄の基地移転を強行し、欧米並みに海外派兵を行う、つまり国内外で強制力や暴力の行使を躊躇しない「強面の国家」を打ち立てることにある。朝鮮半島の有事や国内テロの脅威で事態が切迫すれば、命と暮らしは守るべき至上の価値から軍事力行使のために甘受すべきコストへ逆転するに違いない。国家のために国民の犠牲は覚悟せよということなのだ。

☞二〇一四年五月十五日の総理大臣記者会見の際の発言。紛争地から逃げ出す日本人に米海軍が輸送船を提供するという前提であるが、集団的自衛権なしでも自衛隊機や日本の艦艇が救助できる。

◉深部の憎悪と暴力（2015. 12. 10）

このひと月の間にパリや米国でテロが起きて波紋が広がっている。両者とも過激な「イスラム国」の思想的影響が指摘されている。だが、「イスラム国」そのものが、欧米の中東介入の暴力の歴史を反転して模倣したものであり、テロの背景に欧米社会に巣くう差別や憎悪も考慮する必要がある。

欧州への難民流入は今年だけで二百万人といわれる。その半分を引き受けるドイツでは、確立した福祉国家に大きな負荷がかかり国民の間に不安が広がる。ドイツ基本法（憲法）に明記された難民保護の理念を守ろうとするメルケル首相への反発から、反イスラム極右団体の通称「ペギーダ」は、一年ほど前から月曜恒例のデモなどで活動を活発化させ、反移民の右翼政党ＡｆＤも支持を広げている（支持率は約十％）。進歩派の左翼党（リンケ）支持者の四分の一が「ペギーダ」に親近感を持っているという。中流以上の人びとやその権益を守る既成政党への反感が政治的立場を越えて共有されているのだ。

歴史の記憶、宗教や文化の相違、生活水準の格差によって社会が分断され、差別する方とされる方に同時に憎悪を生んでいる。日本も無縁ではいられない。ヘイト・スピーチにはカウンターデモで対抗するとしても、社会の深部から立ち上がる憎悪と暴力にはどう対処すべきか。

●模倣と権力(2016. 11. 24)

選挙前からトランプ次期米大統領とヒトラーが比較されてきた。だが、人物像や時代状況の類似性より深刻なのは、憎悪と排除で扇動する政界の異端者が権力を握り維持するメカニズムだ。ナチスは儀式化された党大会やラジオ・映画などで、情緒に訴える単純な標語を繰り返した。虚偽・歪曲・半事実の混在した大量宣伝に曝され続けた民衆の間で、事実の軽視と理性の軽蔑が伝染していった。

今回の米大統領選では、フェイスブック(FB)が偽ニュースの経路になり、選挙結果を左右したと非難されている。FBは世界で十八億人が利用し、米国の選挙民の四割以上がニュースを視聴する巨大メディアだが、その運営原理は、友人・知人から成る想像上の親密圏に、利用者が好むニュースを流して、クリック回数と広告収入を増やすというものだ。報道の公共性や客観性より消費者選択と利潤原理が優先される。

だが、親密圏では気に入らない情報は遮断され、仲間内の偏見は強化される。ここに意図的な偽ニュースが流されると、FB上で一挙に情報カスケード(情報拡散の奔流)が生じうる。こうした情報の客観性はトランプ氏自身も支持者も問題としない。

どう付和雷同と権力追従に抗うか。市民社会の理念と現実は歴史的な曲がり角に差しかかっている。

◉ハンナ・アーレントの教訓（2016. 12. 15）

一九三〇年代にドイツを逃れたハンナ・アーレントは、『全体主義の起源』でナチスの政治体制がどう成立したかを論じた。

有産階級は国内の成長が行き詰まると、競争から脱落し社会の縁辺で憎悪を燃やす失敗者（モッブ、暴民）と手を結び、人権や私利＝公益の偽善を捨て、剝き出しの暴力で植民地の搾取を始める（欧米帝国主義）。第一次大戦後の超インフレなどで階級社会が崩壊し、個人に分解して方向を見失った勤労階級はモッブの扇動に動かされるようになる。

こうしたワイマール期ドイツは現在の米国の状況に通じる。長期停滞をなりふり構わぬ資本のグローバル化で乗り切ろうとする既得権益層に、製造業衰退と格差拡大で憂き目を見た白人労働者が叛逆しただけではない。多くの自発的団体（地域組織、慈善団体、社交クラブ、教会等）や労組が衰退して社会の信頼や連帯が失われていたところに、権威主義的な扇動家が現われ、市場競争や自己責任といった新自由主義の理念でバラバラにされた民衆を引き付けたのだ。

トランプ氏自身や次期政権の顔ぶれから、政治的公正や政治と実業の利益相反を意に介せず、私利追求を強行する構えが見える。中にはモッブとしか思えない極右の人物もいる。

強権的政権と弱い市民社会の日本も他人事ではない。

☞『全体主義の起源』全三冊、みすず書房、新版二〇一七年。

●分断と知のグーグル化（2017. 1. 5）

米次期政権は、トランプ氏自身の公私混同や閣僚人事から見て、政治腐敗にまみれるだろうとの推測が多い。日本の通信大手トップが米国投資への競争法適用に手心を加えてもらうために、早速駆け付けたこともクローニー資本主義と批判されている。法の支配・人権・熟議といった価値の侵害に、どう米国の市民社会が対抗するかが問われるはずだ。

なぜファシストと見まがう人物が選ばれたのか。社会と政治風土の大転換が背景だが、M・リンチ氏の『我々のインターネット』（未訳）は知のグーグル化に注目する。氏はグーグルを無数の叫び声が飛び交う部屋に例える。自分の知識や偏見を裏付ける声を聞き分ければ、それ以上詮索する必要はない。いわば理解や判断を外注に出すわけだ。

トランプ氏は短い演説の中でさえ矛盾する主張をして意に介さない。矛盾する主張のどちらを選ぶかは聴衆に委ねる。聴衆は聞きたい主張を聞き取り、偏見を強める。

意思疎通論のたてまえからいえば、対話や討論では主張の根拠を述べ、批判には誠実に答える必要がある。挨拶は返すのがマナーであるように、ことばとは本来、相互行為なのだ。互いに「嘘つき」と非難し合うだけの子供じみた選挙演説会には、米国社会の分断と知の退化が現われている。

☞リンチ氏は米国コネチカット大学の哲学教授。最近、製造工程や流通で注目されている「もののインターネット」Internet of Thingsに対して、ネットの人々を結びつける機能に注目する。意思疎通論は、ハーバーマスの言語行為論を念頭に置いている。

Michael P. Lynch, *The Internet of Us*, Liveright, 2016.

ユルゲン・ハーバーマス『コミュニケイション的行為の理論』上中下、未来社、一九八五－一九八七。

◉流言飛語（2017. 1. 26）

西崎雅夫氏の労作『関東大震災・朝鮮人虐殺の記録』は暗澹たる証言集だ。未曾有の天災に追い打ちをかけるように流言飛語が避難民の間を駆け抜ける――大津波や富士山爆発、「主義者」の破壊活動、朝鮮人襲来、等々。日常に隠されていた異民族への差別と抑圧が生々しい恐怖感に反転し、瞬く間に伝播する。

和辻哲郎の証言にあるように知識人でさえこの反転を免れない。民衆は町ごとに自警団を組織し、時には警察の制止を振り切って集団的殺人に及ぶ。社会の奥底に潜む暴力性が劇的な形で現れたのだ。抜き身の集団に遭遇して危うい目に遭った折口信夫は、「平らかな生を楽しむ国びと」と信じていた民衆の実相を知る。

米国大統領選中の偽ニュースや情報カスケードは、その始点に明確な政治的意図があったにせよ、ラジオのない時代の流言飛語と構造は同じで、他の先進国にも広がる構えをみせる。新自由主義とグローバル化に痛めつけられ怒りを内向させた白人労働者層は、トランプ氏の現実を捏造してでも押し通す差別と排除の価値観に取り込まれていく。ハンナ・アーレント『全体主義の起源』が言うように、独裁支持の民衆が求めるのは事実ではなく単純明快な解釈図式なのだ。朝鮮人襲来の噂はすぐに消えたが、トランプ政権の嘘は苦痛に満ちた幻滅の末に明らかになるはずだ。

☞西崎雅夫『関東大震災・朝鮮人虐殺の記録・東京地区別１１００の証言』、現代書館、二〇一六年。

「情報カスケード」とは、もともと意思決定の際に自分の得た情報よりも、周囲の人のふるまいに影響されるような「情報の伝染」現象を考えるために作られた理論モデルである。

人々の行列の先頭から順番に意思決定する場合を考えよう。先頭の者は自分の得た情報で判断する。次の者は先頭の者の行動と自分の得た情報を加味して判断する。両者が同じ選択をしたと想定しよう。行列の三番目はどう判断するであろうか。自分の得た情報が先行の二人の行動から推察できる情報と矛盾するにしても、この二人の行動に同調してしまうかもしれない。四番目以降の者は、三番目の行動が先頭の二人の行動だけに依存していることを推察できるので、彼の行動は新たな情報をもたらさないと判断する。つまり、四番目以降の者も三番目とまったく同じ立場に立たされるわけだ。このように、行列がどんなに長くなっても、先頭の二人の行動が全員の行動を左右することになる。

Sushil Bikhchandani, et al., "A Theory of Fads, Fashion, Custom, and Cultural Change as Information Cascade," *Journal of Political Economy* 100-5, 1992; Sushil Bikhchandani et al., "Learning from the Behavior of Others: Conformity, Fads, and Informational Cascades," *Journal of Economic Perspectives* 12-3, 1998.

深層国家

●米国の影の政府（2014. 4. 10）

特定秘密保護法と武器輸出解禁を手に入れた安倍政権は、いよいよ集団的自衛権に乗り出した。ゼロ戦美化の大衆文化や首相の靖国参拝を背景におくと、国家主義的にも見える一連の政策は、実は米国中心の軍事システムへ日本を組み入れるためのものだ。

実戦の経験がない日本の防衛産業の役割は、新型戦闘機F35のように国際共同開発・共同生産で部品や素材を提供することにある。諜報の面でも、全世界のメール情報を収集する米国の国家安全保障局などの巨大組織の掌の中にある。

米国の諜報・軍事・防衛産業の実態は、ワシントンポスト記者らによる著書『トップシークレット・アメリカ』（草思社、二〇一三年）が明らかにしている。スパイ機関だけで十六もあり、国防関連の組織は独自の機密をもって互いに競合し、その全貌は大統領さえつかめないという。諜報・兵站・警護では無数の民間軍事会社が、情報収集ではIT産業が国家に協力する。国家と民間は回転ドアで結びつく。

首都やシリコンバレーやウォール街にもまたがる米国の影の政府、「深層国家」はビッグブラザーというよりカフカ的な不可視の集合体で、アフガニスタン、イラク、リビアと失敗の連続だ。

日本が組み込まれようとしているのは、このような危ういシステムなのだ。英国のイラク参戦のような大失敗の危険性は明らかではないか。

☞深層国家 the deep state は、議会の背後で、民主的規制を受けない軍部や警察や諜報機関や右翼政治家などが連携して、一国の政治を左右する仕組みを指すが、もともとトルコやエジプトなどの支配構造を説明する場合に用いられてきた概念である。トランプ氏が大統領選で挑んだ米国のエスタブリッシュメント（既成の支配層）を指して深層国家と見なす解説を最近多く見かけるが、米国に関してはロフグレン氏の指摘が早い。
Mike Lofgren, "Essay: Anatomy of the Deep State," Moyers & company, Feb. 21, 2014; *The Deep State: The Fall of the Constitution and the Rise of a Shadow Government*, Viking, 2016
トランプ政権成立前後の政争を、大衆迎合主義と米国版深層国家の対立と捉える議論もあるが、しっかりした独立の司法制度や自由で活発な報道機関や批判的精神を失わない市民社会をもつ米国には、深層国家は存在しないという論調もある。
最近、深層国家論は奇妙なねじれを見せている。影の米国支配層＝深層国家が企てる「反トランプの陰謀」があるとして、極右メディアやネオナチが荒唐無稽な主張を繰り返している。

他方、エドワード・スノーデンの内部告発を初めて報道したジャーナリスト、グレン・グリーンウォルド氏は、ロシアのプーチン政権が二〇一六年の米大統領選に不正に介入したという報道を、ＣＩＡやＮＳＡなどの諜報機関主体の深層国家による反トランプ・キャンペーンだと主張する。

Glenn Greenwald, "The Deep State Goes to War With President-Elect, Using Unverified Claims, as Democrats Cheer," The Intercept, Jan. 11, 2017.

◉見えざる深層国家（2014. 10. 2）

先週、オバマ政権はイスラム国への空爆をシリアにまで広げた。議会の同意なき空爆は行政権力の逸脱であり、世界の文明秩序の保護者を自認する米国の「帝国の驕り」であると憲法学者は批判する。中東の戦乱が一層泥沼化するリスクも高い。さらに、核兵器廃絶の理想を掲げてきたオバマ政権は、裏では今後十年間で三十兆円以上もの核装備更新を始めた。金融では、ウォール街の重鎮に刑事罰でバブルの責任を問うことなく司法長官は退任する。リベラル派や進歩派の期待を担って生まれたオバマ政権に何がおきているのか。

国家中枢を知悉するある議会スタッフは、議会や大統領府などの表層の国家の背後に、深層国家が隠れているという。９・11以降肥大化した諜報機関や防衛関連官庁、戦争で儲ける防衛産業、国家の諜報の外注先の民間会社や契約社員（八十五万人以上が機密情報に接近できる）、ウォール街とワシントンの間の回転ドアを行き来する法律家たち、それにシリコンバレーの大手ＩＴ企業等の緩やかな連携と暗黙の了解が深層国家だ。議員にさえ審理の詳細を秘匿する裁判所も備えている。一人の若き契約社員の捨て身の内部告発でその実態が暴かれたのだ。

日本の原子力ムラが国民の意思を無視するように、米国の深層国家も民主的制御を受け付けない。

☞コラムで言及した秘密裁判所とは米国の「外国情報監視裁判所」（ＦＩＳＣ）を指し、国家安全保障局（ＮＳＡ）などの諜報機関の活動に許可を与える権限をもつ。二〇一四年六月にワシントンポスト紙は、ＮＳＡの「若き契約社員」エドワード・スノーデンが暴露した文書から、ＦＩＳＣがＮＳＡに広範な情報収集の権限を与えていたことが確認されたと報じた。

Ellen Nakasima et al., "Court gave NSA broad leeway in surveillance, documents show," Washinton Post, June 30, 2014.

●再編される深層国家（2016. 7. 28）

現代トルコでは軍部の政治介入・拷問・暗殺・少数民族の抑圧などがまれではない。一九八〇年のクーデターでは左翼の大弾圧が行われた。その暗黒政治史を貫くのは深層国家だ。表向きの政治制度の裏で、カネとコネで結びついた利権集団が国を支配する。国民への説明責任も免れる。かつての日本の大蔵省の権力や児玉誉士夫らの右翼のフィクサー機能、現代の原子力ムラの拡大強化版と理解しよう。トルコの場合には軍部・警察・司法・極右勢力・財界等の世俗派内部の運動体だ。

エルドワン氏は穏健なイスラム教政党を率いて深層国家打倒と欧州連合参加を目標に出発し（二〇〇三年首相就任）、好調な経済もあって民衆の支持を得たが、二〇一四年に氏が大統領となって文民独裁を強めるにつれて、自分の姿にあわせて深層国家を再編しつつある。先日のクーデター未遂は反対派一掃のための天恵だったはずだ。だが、シリア内戦・難民・テロ・クルド民族との対立等の難題を抱える。

米国では軍産複合体がウォール街やＩＴ企業、大富豪や官僚・法曹界と連携して裏口から影響力を強め、成長の成果を独占してきた（前掲のＭ・ロフグレン『深層国家』未訳）。トランプ現象やサンダース支持の拡大はこれに気付いた白人中間層や若者の叛逆だが、大統領選後、深層国家が復活することは目に見えている。

Ⅲ　新自由主義

新自由主義の理念と現実

◉ネオリベラル・ターン？（2011. 2. 3）

菅政権は、なしくずし的に大きな政策転換を行っているように見える。唐突なＴＰＰへの参加表明にはだれしも驚いたはずだ。心配なのは、民主党が心ここにあらずしてふらふらと新自由主義へ踏み込んでしまう可能性である。官民一体となって原発輸出や医療観光を推進したり、電波周波数帯の入札の話もある。

菅政権の視野に入っているのはその他に、消費税引き上げと零細企業の切り捨て、前原発言であきらかになった農業の市場化、道路・水道・市役所などの行政サービスの民営化などであろう。郵政民営化の再着手も考えられないわけではない。

この点で興味深いのは、ミッテラン率いるフランス社会党のＵターンである。一九八一年に政権をとると、かれらは一連のラディカルな政策を実行しようとした。広範な国有化、労働者に有利な各種の法改正、福祉給付の充実、財産税の強化などである。ところが、案に相違してインフレ亢進下で失業は増えるし、為替管理もうまくいかない。三回にわたる通貨フランの切り下げを余儀なくされた。そこで二年後に、当初の政策と正反対の資本自由化と市場主義へ大きく舵を切ったのである。民主党も同じ轍を踏むのであろうか。

☞前原発言とは、当時の前原誠司外相が環太平洋連携協定ＴＰＰに農業関係者が反対していることに関連して「日本の国内総生産における第一次産業の割合は１・５％だ。１・５％を守るために98・５％のかなりの部分が犠牲になっているのではないか」との趣旨の講演（二〇一〇年十月十九日）をしたことを指している（時事通信、二〇一〇年十月二十日）。

Ｒ・アブデラル氏の『資本は支配する』（未訳）は、フランスのミッテラン政権の市場原理への「転向」が一九九〇年代以降の金融グローバル化の先鞭をつけたと主張する。欧州発のグローバル化と新自由主義の見立てであり、興味深い。

Rawi Abdelal, *Capital Rules: The Construction of Global Finance*, Harvard Univ. Press, 2007.

◉レーガンの遺産（2011. 2. 24）

今月はロナルド・レーガンの生誕百年に当る。俳優出身のレーガンはたくみな話術で大衆の心をつかみ、八〇年代に米大統領にまで上りつめたが、今日でも毀誉褒貶が激しい。息子によれば暖かい人柄の奥底に不可解なものを秘めていたという。

政策面では、旧ソ連を軍拡競争に引き込んで崩壊に導き、国内では持続的成長を実現したと称賛される。だが、福祉を削り労組を弱体化し、金持ちには大幅減税を施して貧富の差を拡大した。金融の規制緩和はクリントン政権に引き継がれ、十年前のＩＴバブル崩壊や今回の金融危機の伏線になった。小泉構造改革もレーガノミクスを手本にしている。

「政府は問題を解決しない。政府が問題なのだ。」というレーガンの殺し文句は有名だが、「小さな政府」は表向きの公約だった。実際には財政赤字は三倍になり、外に軍備、内に監獄という形で政府は強大化した。

「法と秩序」の旗のもと、レーガン時代から今日まで監獄と囚人は膨張し続けている。現在、米国の成人人口の一％が囚人である。二〇歳から三四歳までの黒人男性に限れば、その一割が塀の中だ。市場の自由と監獄への隔離。力のある者には儲ける自由を与え、競争から落後した厄介者は監視し懲罰を与えるという社会は、レーガンの負の遺産である。活力ある市場経済を持つ米国は、一大刑罰国家でもある。

☞後出の「監獄株式会社」（2017. 3. 2）も参照。

●ランド・ラッシュ（2011. 3. 3）

ゴールド・ラッシュならぬランド・ラッシュが二年ほど前から報道され始めた。国内農業では食料確保の難しい富裕な国が、極貧のアフリカ諸国などの農地を買い漁るのである。たとえば韓国は、輸出立国という国是から競争力のない農業は捨てざるをえない。そこで、食料安保のために開発輸入に努めるというわけだが、二〇〇八年のマダガスカルと韓国企業の大宇ロジスティクスの契約は法外なものだった。大宇は同国の農耕可能な土地のおよそ半分を九九年間無料で借り受け、その見返りに道路、灌漑施設、倉庫などのインフラ投資を行うというものだ。その土地でコーンなどを生産し、韓国へ輸出する計画だった。交渉と契約は現地住民の頭越しにマダガスカル政府と同社の間で行われ、詳細は公表されなかった。この契約が暴露されると抗議の声が湧き上がり、翌年の政権転覆の一因になったといわれる。結局この契約はオジャンになった。

韓国だけがランド・ラッシュに躍起になっているのではない。中国や中東の産油国、それにわが国の開発輸入も各種の国際機関の報告書でそれと指摘されることがある。

圧倒的な経済力の差があるのに、自国の食料安保だけのために自由貿易の原則を振り回すと、途上国の人々の基本的人権、特に生計維持や食料の権利はどうなってしまうのだろうか。

☞この問題に早くから警告を発してきたのは、Grainという国際NPOである。初期の報告書に次のものがある。

Seized! The 2008 land grab for food and financial security, Grain Briefing, Oct. 24, 2008.

このNPOは現在まで活動を続けている。他方、世界銀行の報告書

Rising Global Interest in Farmland: Can It Yield Sustainable and Equitable Benefits? 2011, World Bank

はGrainの情報を利用して書かれたが、Grainによって厳しく批判された。

◉チリの九・一一（2011. 9. 8）

忘れてはならない九・一一がもうひとつある。一九七三年、南米チリのアジェンデ大統領に対して国軍トップのピノチェト将軍がクーデターを起こした事件だ。米国の政権中枢（ニクソンやキッシンジャー）の指令でCIA（中央情報局）が深く関与したことが明らかにされている。アジェンデは社会主義の理念の下に産業国有化や農地改革を行おうとしたが、米国の覇権や国内財界・多国籍企業の権益や中産階級の利害と正面から対立したのだ。その後十七年に亘り軍部独裁が布かれ、反対派の三千人以上が殺され三万人以上が拷問を受けた。

軍事政権の経済政策を立案・実行したのは米国シカゴ大学で博士号をとった連中だった。かれらの教師ミルトン・フリードマン（シカゴ学派総帥）の独裁者ピノチェト宛の書簡が残されている。フリードマンはチリ滞在の礼を述べてから、減税と歳出の大幅削減で小さな政府を実現し、労働者保護法制の撤廃・規制緩和・貿易自由化によって、企業活動の最大限の自由を保証する政策パッケージをショック療法として採択するように説いている。軍事独裁下の人権抑圧や貧困・失業の急増を意に介さない、血も凍る書簡だ。

民主的選挙で選ばれた左派政権が米国の覇権やグローバルな市場原理とどう折り合うかというのは今でも大問題で、世界を見回しても決定打はない。

☞ミルトン・フリードマンのピノチェト宛書簡はネットで今でも閲覧可能だ。シカゴ学派経済学がどのように軍事独裁政権を新自由主義の経済政策で支えたかは次の本で説明されている。

Juan Gabriel Valdés, *Pinochet's Economists: The Chicago School in Chile*, Cambridge Univ. Press, 1995.

ニクソンやキッシンジャーによるチリ介入は、ティム・ワイナー『ＣＩＡ秘録』下巻、第29章で公開された資料をもとに解明されている。

●評判と市場経済（2012. 5. 10）

かつて規制緩和派はこう主張した。金融規制がなくても危険な投資は増えない、交通・運輸・建築などの安全性規制をゆるめても事故は増えないはずだ。危ない商売を続ければ評判を損ねて顧客を失うことは明らかで、そんな業者は早晩淘汰される。だから、政府の規制より業界の自主規制に任せた方がよい。これが市場経済にふさわしい新しい考え方だとされた。

だが、十年程前の米国のＩＴバブル崩壊や今回の金融危機でこの理屈は雲散霧消した。評判が何より大切であるはずの銀行や会計事務所であっても、目の前のカネの誘惑に負けて不正に手を染めたのだ。日本でも、競争圧力の下で安全性軽視の体質に染まったＪR西の福知山線事故、野放しだった投資顧問業のＡＩＪの粉飾、トラック・バス業界の規制緩和のために生じた度重なる重大事故などは、評判がまったく機能しなかった例だ。今回の関越道ツアーバス事故の背景にも、旅行会社、元請、下請、現場の労働者の順に交渉力が弱くなり、競争圧力を最も立場の弱い労働者が引き受けるという構造がある。

規制緩和の究極の姿を米国に見ることができる。そこでは社会的インフラ・国民医療・教育・監獄・軍事等の公共サービスの分野が企業の利潤追求の場になっている。

☞評判メカニズムの考え方に基づいた緩い規制によって、その後も悲惨な事故が繰り返された。二〇一六年一月の軽井沢スキーバス事故は一例だ。後出のコラム「ツアーバス事故」（2017. 1. 19）参照。

◉最低賃金制（2012. 12. 6）

日本維新の会が一時、最低賃金制撤廃を公約に掲げて批判されている。雇用を増やすことが眼目だという。だが、最賃制と雇用の間に直接的関係はないというのが最近の経済学の常識だ。最賃制を撤廃しても雇用増加は期待できない。

一九九〇年代初めに米国で最賃が大幅に引き上げられたが、低賃金労働に頼る外食チェーンの雇用は減らなかったという画期的な研究が発表された。英国でも一九九九年に初めて最賃制が導入された際に、雇用への悪影響を言い立てた保守派経済学者の予想を裏切って低賃金雇用は減らなかった。むしろ、賃金格差の縮小という思わぬ成果を見た。

最賃は撤廃するどころか、引き上げる必要がある。日本の最賃は平均賃金の比率としてみれば先進国では最低の水準だ。日本の賃金格差は大きいことを知るべきだ。さらに最賃を超えて、相応の生活を保障する「生活賃金」も議論すべきだ。

労働法等の規制を弱めたからといって雇用が顕著に増えるとは限らない。それに最賃や解雇規制は労働者の権利と交渉力の最後の砦でもある。最賃を廃止し、一部の経済学者が主張するように解雇規制を緩和すれば、どのような異常事態が出来するかは明らかではないか。労働市場とは、市場メカニズムである前に人々の仕事と暮らしの現場なのだ。

☞米国の研究

David Card and Alan Krueger, "Mimimum Wages and Employment: A Case Study of the Fast Food Industry in New Jersy and Pennsylvania," *American Economic Review* 84-4, Sept. 1994;

David Card and Alan Krueger, *Myth and Measurement: The New Economics of the Minimum Wage*, Princeton Univ. Press, 1997.

英国の研究

Alan Manning, *Minimum Wage: Maximum Impact*, Resolution Foundation, Apr. 2012.

●究極の戦略特区（2014. 1. 9）

著名な経済学者のP・ローマー氏はかねて憲章都市なるアイディアを触れ回っている。世界の貧困問題の解決を目指して、政治腐敗や民主的熟議や既得権益に煩わされずに経済発展を実現するために、無人の土地に自前の憲章をもった人工都市を一から築こうというのだ。司法・労働・商取引等の基本ルールは世界の投資家を引き付けるように予め決めておき、実際の運用は専門家に委ねる。労働者や市民には政治的権利は一切ないが、「足による投票」がその代わりになるという。いやなら出ていけばよいというわけだ。憲章都市とはいわば究極の戦略特区だ。

氏はこの考えを実行に移すのに、よりによって中米ホンジュラスを選んだ。同国は一握りの財閥が政治と経済の実権を握り、国民を警察権力で抑圧するという類の国家だ。二〇〇九年に反米政権を軍事クーデターで倒したうえで、当時の大統領は憲章都市の誘致に乗り出した。だが、候補地は無人どころか、エスニック・グループが固有の権利を持つ土地だった。違憲判決を下した最高裁判事を首にしたり、人権派弁護士を暗殺したりしてやりたい放題。さすがのローマー氏も顧問役を自ら降りた。

解雇特区を説く日本の一部の財界人や経済学者らの本音も突き詰めればこういうことになろう。

☞ホンジュラスと憲章都市に関しては、英米で多くの報道があった。以下はごく一部である。

Mark Weisbrot, "Honduras: America's great foreign policy disgrace," the Guardian, Nov. 18, 2011; Adam Davidson, "Who Wants to Buy Honduras?" New York Times, May 8, 2012; Jonathan Watts, "Honduras to build new city with its own laws and tax system to attract investors," the Guardian, Sept. 6, 2012; Elisabeth Malkin, "Plan for Charter City to Fight Honduras Poverty Loses Its Initiator," New York Times, Sept. 30, 2012; Elisabeth Malkin, "Political Doubt Poses Risk to Honduras, Battered by Coup and Violence," New York Times, Nov. 22, 2013.

◉民営化と現場の荒廃（2014. 2. 6）

二〇一一年に起きた特急のトンネル内炎上事故以降、この三年程でＪＲ北海道の事故や不祥事が急増している。組織再編・監査強化・違反の厳罰化などの企業統治論の紋切型処方箋では解決できないどころか、逆に問題は深刻化するはずだ。

一連の事故は他のＪＲ各社にも共通する深い病巣の兆候であり、競争圧力による人員削減・現場作業の外注化・安全軽視等からいずれは起きるものと言われていた。二〇〇五年の福知山線事故（ＪＲ西日本）も同根で、広大な寒冷地で古い気動車を酷使するといったＪＲ北海道の特殊要因だけを強調すべきではない。

内部告発が全くないのは異常だという指摘があるが、同社の荒廃した職場を象徴する。職場統治とは本来、カンやコツをも含む生きた技術を共有して、経営側に対して現場の自律性を確保すべきものだ。労組の役割もここにある。だが、現実には保線作業を下請け・孫請けに任せて社員はパソコン入力するだけ。本社・出先社員・下請の上下関係から情報共有など不可能だ。担当役員が現場について驚く程無知なことは記者会見でたびたび露呈した。

極端な国鉄民営化を図った英国では、大事故を立て続けに起こしたあげく、事実上の一部再国有化を余儀なくされた。公共輸送とは商品なのか、もう一度考えるべきだ。

●ウォール街リベラル（2015. 1. 15）

オバマ政権の親ビジネス路線には批判が多い。バブルの責任追及ではウォール街の大物を訴追できず、金融規制強化への抵抗には妥協する。民主党内の反対論を尻目に太平洋圏と大西洋圏の自由貿易協定を推進する。

政権の要、ガイトナー元財務長官やフロマン米国通商代表などのメンター（相談役）はロバート・ルービン氏だ。ウォール街で凄腕をふるって投資銀行トップに上りつめ、クリントン政権では金融の規制緩和を進めつつ財務長官などの重責を果たし、ついに巨大銀行経営者に舞い降りたという経歴だ。今でも人脈と金脈の両面で民主党に影響力をもつ。

この人物、一筋縄では理解できない。なぜ政界に転じたのか、大富豪なのになぜ民主党なのか。答えは市場へのスタンスにある。ビジネスでは割り切ってカネもうけに徹し、社会正義への満たされぬ思いは政界進出や慈善行為で果たす。金融や市場経済は機会平等の透明な制度、公正な競技場であり、結果に問題があれば政治的に手直しをすればよい。政治哲学再興の書、ジョン・ロールズ『正議論』も同じ前提に立つ。

だが思い違いだ。カネは価値中立的であるどころか、人の心を単色に染め上げる。競争の結果を左右する市場ルールは強者に有利で、カネは政治に介入し政治権力に姿を変える。

●ネオリベの後に（2016. 10. 13）

資本主義の行き詰まりが欧米の政治的エリートにも認識され始めた。象徴的なのは、ウォール街と手を組んで金融の規制緩和やグローバル化を推進した学界の重鎮の宗旨替えだ。今では資本の自由より国民の幸福の方が大切だという。

新自由主義（ネオリベ）の無節操と貪欲がリーマン・ショックや大企業・富裕層の税金逃れで露わになり、最近では、グローバル化の恩恵と無縁な庶民の反エリート感情を背景に、ファシストと見紛う政治家が現れている。先進国の成長率回復の見込みも立たない。このままでは世界が統治不能になるという危機感が広がる。

英国の老舗経済誌のエコノミスト誌は格差拡大や大企業への権力集中を問題視しながらも、市場原理の旗印は降ろせないので歯切れが悪い。資本の国際移動と緊縮財政の意義を売りこみ過ぎたと反省する研究者もいる。最も根本的な対案はスティグリッツ教授の「ルールの書き換え」路線だ。大企業や金融の再規制化を進め、公共投資や税制改革で成長と格差解消を狙えば資本主義は救えるとの立場だ。選挙戦略とはいえ、米大統領選のクリントン陣営はこの対案に近づいている。

だが、大企業のグローバル供給網末端で苦しむ途上国の労働者や家族はどうすればよいのか。労働運動や社会運動の役割はどこに見出せるか。

☞コラムで学会の重鎮と呼んだのは、経済学者のローレンス・サマーズだ。一九九〇年代のクリントン民主党政権では、ウォール街出身のロバート・ルービンや連銀議長のアラン・グリーンスパンとともに、金融の規制緩和やグローバル化の旗印を掲げて新自由主義を推進した。その後、二〇〇八年のリーマン・ショックの前後から、格差拡大や経済停滞に注目するようになり、次第に新自由主義から離れていったと思われる。

David Leonhardt, "Larry Summers's Evolution," New York Times, Jun. 10, 2007; Lawrence Summers, "Voters Deserve Responsible Nationalism not Reflex Globalism," Financial Times, Jul. 10, 2016; Jonathan D. Ostry et al., "Neoliberalism Oversold?" Finance and Development, IMF, June, 2016.

◉ツアーバス事故（2017. 1. 19）

昨年一月、軽井沢付近のツアーバス事故で学生ら十五人が死亡した。本紙（東京新聞）も重ねて取り上げているように背景は深刻だ。競争圧力を下請けに押し付ける旅行会社、コスト割れでも受注するしかない多数の弱小バス会社、低賃金と長時間労働で業界を底辺で支える非正規で高齢の運転手、等々。この事故には現代日本が凝縮している。

二〇〇〇年に貸切バスの規制緩和が断行されたが、安全性の懸念がついて回った。二〇〇七年には家族経営のバス会社が事故を起こして不吉な予兆となり、二〇一二年の関越道事故の前にはすでに総務省行政評価局が問題点を網羅している。

規制緩和論者は「事前規制より利用者の評判を気にかける業者の安全対策の方が効果的だ」と主張した。だが、米国のＩＴバブルや住宅バブルが示したように、この評判メカニズムは破綻した論理だ。市場原理は本来、法やルールを遵守させるための強力な監視・強制装置を必要とする。

国土交通省は重大事故が起きる度に泥縄式対策をとってきたが、実効性がないことはこの軽井沢事故で明らかになった。人命が犠牲になって初めて動く人柱行政と言われる所以だが、交通経済学ではそれさえコストの一部にすぎない。例の「費用便益分析」に基づいて人命や物損や輸送の便益をめぐる怪しげな計算を科学と称する。

☞費用便益計算は経済学者の間でも毀誉褒貶がある。批判も多い。専門誌の特集で論争の一端をうかがうことができる。

Journal of Legal Studies 29-2, June 2000, Cost Benefit Analysis: Legal, Economic, and

Philosophical Perspectives.

●監獄株式会社（2017. 3. 2）

米国内に一千百万人もいる不法移民について、軽微な違反も見逃さずに強制送還するとの米新政権の方針で、末端の役人が勢いづいて、移民社会にパニックが広がっている。

昨日の議会演説で大統領はやや軟化したが、「法と秩序」の看板は降ろさない。大量の逮捕者の一時収容施設が必要になるが、この機に儲けようというのが「民間監獄」業界だ。

米国では一九七〇年代以降、特にレーガンとクリントンの両政権の新自由主義政策で、刑務所と拘置所の囚人の数は五倍に膨れ上がり、二百二十万人を越える。民間監獄に収監されているのは一部（約十三万人）だが、囚人が増える程もうかる仕組みで、劣悪な管理や人権侵害が指摘されてきた。

それでも新司法長官は増え続ける囚人対策に民間監獄を使う意向だ。広大な国土をめぐる囚人移送も零細業者に外注され、事故が多発している。奴隷制の歴史を引きずる米国刑法の制度的人種差別も周知の事実だ。

米新政権は市場信仰の下に、多くの証拠に目をつぶり、金融・教育・刑罰・軍事の領域で規制緩和や民営化を推進する一方で、秩序維持のために法的規制を強める。異色の法学者B・ハーコート氏の『自由市場の幻想』（未訳）は、市場の「自由放任」と社会的統制の「法的専制」の二分法を十八世紀の経済学の起源に遡って解明している。

☞『自由市場の幻想』Bernard E. Harcourt, *The Illusion of Free Markets*, Harvard Univ. Press,

2011.

◉モノ・カネ・ヒトの次（2017. 4. 6）

「自由競争で農業を自立した産業へ」改革すべきだと大手紙社説はいう。農業の多面的機能など眼中になく、市場原理でなんとかなるという思考停止の見本だが、背景は深刻だ。

モノの大量生産やカネやヒトの商品化で稼げる時代ではない。高度成長は昔話、金融グローバル化は内部破裂し、非正規化と格差で勤労者をコケにする新自由主義は大衆の反撃に遭う。

そこで命と社会を基盤で支える食と農、医療と介護、公共財と公共サービス、水や気候の自然環境等が新たな商品として浮上してくる。生命や製造技術や文化の基本情報に張り巡らした知的財産権も狙い目だ。

先頃、国会に提案された種子法廃止で農産物の品種改良は民間に開放されるが、遺伝子組換え技術をもつ巨大外資の国内支配の布石とも読める。インフラの公設民営も本命の上下水道に及んできた。だが、嚆矢の浜松市下水道事業の実施方針を読んでも、運営を担う民間企業の監視や撤退時の対応、技術継承や料金設定に関して疑問は尽きない。コスト削減による上水道の水質悪化が刑事事件に発展した米国フリント市や、水道の「再公営化」を図る欧米都市の例を見ると懸念は募るばかり。

頓挫したはずの規制緩和・民営化を水や食という生存基盤にまで広げて達成される成長とは何か、再考すべきだ。

欧州の実験

欧州共同体

◉ドイツの労働市場改革（2015. 1. 8）

高失業率に苦しみ欧州の病人と言われたドイツが労働市場改革を断行して十年になる。寛大な失業保険制度に安住する長期失業者を就労させるために、受給期間を一年に短縮し、二年目から低額の福祉給付に付け替えて、強圧的な就労勧奨を図ったのだ。提唱者の名からハルツ4（ハルツ改革第四部）と呼ぶ。働かなければ生存水準（住居費は別で単身者は一月六万円未満）に落ちる恐怖で否応なく就労させる仕組みで、福祉国家の病巣に新自由主義の劇薬を注入したわけだ。

失業者は十年間で五百万人から三百万人に激減したが、深刻な副作用をともなった。失業者の過半を占めるハルツ4受給者には仕事のえり好みの余地がないため、低賃金で不安定な短時間就労や非正規雇用を制度的に促進する結果になる。低所得階層が固定化し、その子供たちも貧困から抜け出せない。百万人規模の長期失業も解消しない。

ただ、社会全体の格差は日本ほど大きくなく、ハルツ4の反省から今年初めて導入する法定最低賃金制（時給約千二百円）に見られるように、福祉国家の理念と体制を維持しようとしている。

日本では労働市場改革の名目で中高年正社員の追出しを主張する者がいるが、ハルツ4とは逆に失業率がはね上がり社会不安を醸成することになろう。

◉連帯か、懲罰か？（2015. 7. 9）

ギリシャ危機は市場と社会運動について重大な問題を提起している。株や円相場の話だけではない。問題の発端は、放漫財政のつけと政府の粉飾会計がリーマン・ショックで露呈したことにある。この五年間で国内総生産が二五％程縮小した結果、失業率は約二五％に達し、若者のそれは五〇％を越えた。国民の二割以上が医療保険を失って、社会的破綻の瀬戸際にある。

これは対外債務の返済猶予の条件として、欧州の政治家やテクノクラートらが年金削減・財政切詰め・公務員解雇等からなる緊縮策と構造改革を強いてきたからだ。競争と自己責任の市場原理に国民を曝して、成長と生産性を促す新自由主義の典型だが、これに対抗する社会運動を支持基盤にして、左派連合が今年初めに政権に就いたのだ。劇的な国民投票の結果も抵抗の意思表明と見るべきだ。

成長のための緊縮策と構造改革が逆効果であることは世界中で実証済みで、今回もギリシャの対外債務削減とドイツ等の内需拡大の組合せが最良の政策のはずだ。だが、自己責任を刷り込まれたドイツ世論は債務削減を認めない。

先頃のドイツ議会の討論でもメルケル首相は連帯（ギリシャ支援）と懲罰（ギリシャ切捨て）の間を揺れ動く。欧州の理想のために国益を越えられるか、政治家の力量が試されている。

☞新自由主義には英米発の本流以外に、フランスのミッテラン政権の政策（前掲コラム「ネオリベラル・ターン？」（2011. 2. 3）参照）や、もっと歴史の長いドイツ版もある。ドイツの「オルド自由主義」はすでに一九三〇年代から、国家が維持する経済秩序のもとで、独立自営の企業群が競争によって市場経済の理念を実現すべきだと主張した。「オルド自由主義」に関して多くの議論があるが、ミシェル・フーコー『生政治の誕生』（筑摩書房、二〇〇八年）も論じている。

●欧州激変（2016. 6. 30）

英国の欧州連合（EU）離脱に関して三つの評論に注目したい。T・ジャッド『大いなる幻想？』（未訳）は歴史家の慧眼ですでに二十年前にEUの矛盾を指摘した。グローバル資本と福祉国家の軋轢、EU官僚の専横、停滞の時代の格差や欧州南北間の対立、移民排斥、等々。ドイツのEU支配やギリシャ危機も射程に収める。悲惨な戦争の教訓から生まれたかに見えるEUも、実は各国の利益の妥協の産物で、国民国家へ主導権を明け渡すとの悲観的診断だ。

W・シュトレーク『時間かせぎの資本主義』（みすず書房、二〇一六年）によれば、EUとは国境を越えて資本の論理で緊縮財政や不安定雇用を強制する欧州版新自由主義であり、EU解体と域内変動相場制しか道はないという。国民国家へ回帰しても最近のフランス労働法改革などへの「路上の抵抗運動」は実を結ぶのか。

Ｊ・ハーバーマス「民主主義か、資本主義か」（未訳）は、各国の相違を尊重しつつ、ＥＵ改革で資本に対抗する超国家機構が可能だと主張する。欧州を舞台に啓蒙の歴史的プロジェクトを継続できるとの立場だが、タテマエ論の嫌疑が晴れない。

エリート達は英国離脱で庶民の反乱やファシズムの予感に震撼させられたようだ。かれらには資本のグローバル化への代案はない。格差対策や自由貿易協定の凍結等が当面の弥縫策となろう。

☞トニー・ジャッドは英国生まれのヨーロッパ史専攻の歴史家。ニューヨーク大学で教えた。ハーバーマスの論文はその後、雑誌『世界』二〇一六年九月号に「デモクラシーか、資本主義か？」の題で翻訳された。

Tony Judt, *A Grand Illusion? An Essay on Europe*, Hill and Wang, NY, 1996.

英国労働党

◉英国労働党（2016. 9. 29）
昨年、英国労働党の党首に就いたジェレミー・コービン氏は、激しい党内闘争を経て最近再び党首に選ばれた。保守系メディアは鉄道などの再国有化を主張する時代遅れの旧左翼と酷評するが、的外れの論評だ。同党にはこの一年で若い層が大量に入党し、西欧で最大の五十五万人の党員数を誇る。

彼らが中心の「モメンタム」と呼ばれる政策集団が、下からの民主主義・富の再分配・反緊縮財政・企業の監視等を主張してコービン氏を支える。ネットを通じて情報交換や自己表現を図る世代で、縦の命令系統より横の連携を重視する新しい感性を政治に持ち込んでいる。

生活賃金の実現や成長へ政府が関与する「企業国家」の提唱など、同党の政策には今のところ目新しいものはない。だが、市場原理と自己責任のサッチャリズムによる社会の荒廃や、労働党の「サッチャーの子供達」（ブレア元党首など）が推進したグローバル化と企業優先への幻滅を経て、どう新しい理念と政策を提示できるかが問われている。

現代の問題は、英国の欧州連合（ＥＵ）離脱の国民投票や米国大統領選で明確になったように、グローバル化をめぐる勝者と敗者、グローバル化と社会防衛へ凝縮される。安倍政権が内々に認めるように「世界で一番企業が活動しやすい国」などという標語は完全に陳腐化しているのだ。

●英国労働党の可能性（2017.6.15）

三年前、英国で男性が餓死状態で発見された。生活保護打切りで糖尿病のインスリン注射ができなかったらしい。

その前年だけでも百万人を越える受給者が保護打切りに遭っている。かつての福祉国家は八〇年代以降のサッチャリズム（小さな政府と競争原理）と近年の緊縮財政で大きく変貌した。映画『わたしは、ダニエル・ブレーク』が実態を伝える。

労働党が先頃の議会選挙で善戦したのは、エリート優先政治への不満のマグマが噴出したからだ。

国有化と再分配の旧左翼路線と侮られ、保守党の地滑り的勝利を許すものと批判されていたが、得票率は保守党四二％に対して労働党四〇％で再選挙があれば政権奪取の可能性が高いという。

何を読み取るべきか。少数者を利するだけの新自由主義の破綻とその結果の荒廃を考えると、歴史に葬られたはずの社会（民主）主義が新たな別の光を放ち始めたと見るべきかもしれない。事実、医療・育児・教育・郵便・鉄道・水道などの公共サービスは政府の責任であるとする労働党のマニフェストは、若年層から大きな支持を得ている。

さらに、ネットを通じた連携と地道な戸別訪問を組み合わせて選挙運動の原動力となった「モメンタム」という党内組織は、将来の政治組織と社会運動の姿を指し示している。

◉規制緩和の反転へ（2017. 6. 22）

先週のロンドン高層アパート火災は英国の現在を写し出す事故で、選挙での労働党の善戦に加えて、一九八〇年代以降の新自由主義からの反転につながるはずだ。悲惨な火災で露呈したのは規制緩和の負の効果だが、格差や人種間の軋轢なども複雑な背景をなす。

火災にあったアパートはケンジントン地区の北部貧困地域にあり、約百二十世帯の多くは移民や難民の家族だが、同区南部の高級住宅街には億ションが立ち並ぶ。二〇一〇年に政権に就いた保守党は公営住宅の民営化や地上げを進める一方で、専門家の勧告やアパート住民の不安の声に耳を傾けずに、最低限の安全規制さえ怠ってきたことが事故後に暴露されている。「規制を一つ設ければ二つの廃止」という標語は規制緩和の危うい自己目的化を意味する。

対岸の火事ではない。二〇〇五年の福知山線事故や二〇一五年の山手線の電化柱倒壊（大事故の一歩手前）は、民営化・外注化と競争圧力で安全性より収益性を重視した結果であり、運輸の規制緩和のあげく、昨年の軽井沢バス事故で学生らが犠牲になったのだ。

規制緩和の大義のために、加計学園問題を公正に議論したと言い張る戦略特区会議の経済学者は、背後の政治力学に踊らされるピエロなのか。不要な規制に対置すべきは市場原理ではなく、政策過程の透明性だ。

●ネオリベ清算の分岐点（2017.10.5）

先週の英国労働党大会で、コービン党首は八〇年代以降のネオリベ（新自由主義）を清算すると宣言した。民営化や規制緩和や緊縮財政を逆転するというのだ。六月の選挙で保守党を議会過半数から追い落とし、労働党は政権奪取にあと一歩まで近づいた。大学教育の無償化や水道・鉄道などの再国有化や法人税の引き上げや家賃規制などへの国民の支持率は高い。古臭い旧左翼路線どころか、世論の大変化と中道の新定義を反映する。コービン氏は、非正規雇用で苦しむ若い世代からロックスター並みの熱狂的な支持を受けている。

他方、十数年前の雇用改革で、当時の独社民党政権は長期失業者に厳格な失業給付や非正規雇用を強要して、失業率を劇的に改善した。福祉国家の病巣にネオリベの劇薬を注入したわけだが、格差拡大や雇用の不安定化に不満が高まっている。先頃の選挙では、メルケル首相率いる大連立政権が極右政党の伸長で崩れた。同様の変化は北欧でも見られる。ネオリベと妥協してきた欧州の中道政権は左右への解体に直面している。

日本はどうか。安倍政権は大きな政府とネオリベを結びつけたが、成長の目標に遠く及ばず格差も拡大。対案を出すべき民進党の解体は、中道の幻想の崩壊そのものだ。国民は厳しい選択を迫られている。

日本の政策

アベノミクス

◉歪んだポリシー・ミックス（2012.12.20）

安倍政権の経済政策は、旧保守（旧来の自民党的手法）と新保守（新自由主義）の間を揺れ動く矛盾に満ちたポリシー・ミックスになるはずだ。国土強靭化とは公共事業による財政拡張そのもので、デフレ脱却に効果のないことは一九九〇年代に実証済みだ。しかも、そのための国債増発は国債価格急落と銀行破綻のリスクを伴う。日銀に押付けようとしているインフレ目標も、具体的政策というより、皆がそう信ずればインフレになるといった「念力経済学」だ。

他方、成長戦略を議論する諮問会議や再生会議は、小泉改革の悪名高き「民間委員」流の新自由主義に支配されるだろう。こちらは社会保障切詰めの財政緊縮路線だ。医療・保険の規制緩和や労働市場「改革」は、格差や非正規雇用の拡大、低賃金、労働者の一層の従属化を生むだけでデフレ脱却に効果がないだけでなく、逆に国民の購買力を奪ってデフレを深刻化させる。

ＴＰＰ（環太平洋連携協定）反対の農民票と脱原発世論の取り込みを狙った自民党の玉虫色の選挙公約は、ＴＰＰ・原発推進の財界の要請で早晩反故にされるのは明らかだ。ＴＰＰも大企業のアジア進出には便利でも、内需と国内雇用への効果は疑わしい。有望なのは新エネルギー産業だが、原発依存ではこれにも本腰は入らない。

●戦略特区と例外権力（2013. 8. 29）

成長戦略の要は戦略特区になるという。「世界で一番ビジネスのしやすい環境」というのは耳に快いが、特区とは強烈な毒を含む政策なのだ。保守派法学者カール・シュミットは、革命や戦争などの際に、基本的人権を含む憲法を停止して秩序をもたらす者、例外状況で決定を下す者を主権と定義した。国民主権とは異なる概念だが、リアルに権力を捉えようとする考え方だ。市場原理の席巻する現代の例外権力は、経済特区で税や労働や環境の国内法を停止し、外国企業を誘致する。中国は深圳や厦門などの特区で、膨大な労働力と外国資本を組み合わせて成長を起動させた。現代の特区のモデルは、先端企業を呼び寄せ世界の特区を目指すシンガポールだ。安全な社会、高い所得のこの都市国家には裏面がある。差別と格差と抑圧だ。専門家は厚遇されるが、出稼ぎ労働者は差別される。所得格差は香港に次いで世界第二位だ。昨年のバス運転手のスト事件で分かるように、出稼ぎ労働者が少しでも不平を漏らせば、直ちに逮捕や本国送還の憂き目にあう。

日本の特区の詳細は今後明らかになるはずだが、特区における労働の規制緩和や環太平洋連携協定のＩＳＤＳ条項（投資家国家紛争解決条項）なども、まさに例外権力の行使、裏口からの法制度停止ではないか。

☞中国の特区や都市国家シンガポールについては、アイファ・オング『例外としての新自由主義』（作品社、二〇一三年）参照。

シンガポールのバス運転手ストライキに関しては

Haroon Siddique and agencies, "Singapore's first strike in 25 years shines spotlight on racial tensions," the Guardian, Nov. 28, 2012; "Singapore jails bus drivers for inciting strikes," BBC, Feb. 25, 2013.

◉アベノミクスの帰結（2014. 2. 27）

最近の冴えない株価の背景には、カンフル剤の金融・財政政策を見限った外人投資家の幻滅があり、アベノミクスの成否は本命の成長戦略にかかっているとの議論が横行している。現政権もその気になって賃上げを財界に要請し、環太平洋連携協定（ＴＰＰ）と戦略特区の二本のドリルで医療・教育・農業等の岩盤規制に穴をあけるという。だが、成長は実現できるのか。そもそもどのような経済と社会を目指しているのか。

経営側はベアに及び腰で、ＴＰＰ交渉も頓挫した。農協叩きがこれから始まるだろうが、ＴＰＰが成功すれば製造業の空洞化は一層進み、農業は虫食い状態になる。戦略特区はどうか。解雇特区や法人税ゼロ特区ができたとしても、一％を超えない日本の潜在成長率を底上げする、怒濤のような外資の直接投資や日本の大手製造業の国内回帰はありえない。

混合診療や混合介護が特区から全国に広がれば、今度は格差拡大に対する国民の不満と抵抗が無視できなくなる。非正規層にはすでに大きな怒りがたまっている。低迷する成長率とより高い利潤率の組合せは格差を一方的に拡大するという議論もある（ピケッティ『21世紀の資本』）。世界で一番企業が活動しやすい国などというキャッチ・フレーズのメッキが剝げていく。

☞トマ・ピケッティ『21世紀の資本』、みすず書房、二〇一四年。

◉安倍政権、終わりの始まり（2015. 11. 26）

一億総活躍などという宣伝文句を真面目に受け取る人はいない。五年後の名目GDP六百兆円・希望出生率一・八％・介護離職ゼロの組合せとは、低成長・人口減少・破綻しつつある社会保障の現実を逆転しただけのはかない願望の三点セットだ。今や死語と化したアベノミクスの失敗を糊塗するだけでなく、どんなステップで実現するのかさえ説明できない。

これまで実際に効いたのは二〇一三年度の財政出動だけで、黒田日銀のインフレ目標は狐火のように遠ざかり、デフレ脱却の効果はゼロだ。確かに円安と株高は生じたが、案に相違して輸出増や消費拡大に結び付かない。信じれば空を飛べると言い続けるピーターパン総裁は孤立を深める。

成長戦略はどうか。成長のために消費の底上げが必要だから、最低賃金や介護離職や高齢者の貧困化も少しは気にかけるというわけだが、消費不振の本質は低賃金・貧困・格差の広がりと、非正規層や貧困高齢者の将来不安であることに現政権は気が付かない。逆に、最近の派遣法改悪や残業代ゼロや解雇の金銭解決等の法案論議で、働く国民の不安と不満は確実に高まっているのだ。日本人は「次々になりゆく」現実を追認していくだけとは思われない。不安定雇用や低賃金で追いつめられれば、勤労者は反撃せざるを得ない。

☞アベノミクスに関して、最近の筆者の議論については次の論文を参照していただきたい。竹田茂夫「安倍政権の経済政策：アベノミクスの危険な坂道」、『大原社会問題研究所雑誌』No.７００、二〇一七年二月。

◉知と権力の慢心（2017. 2. 9）

現政権の指南役を自任する経済学者が奇妙な一文を書いている。黒田日銀の異次元緩和でインフレ喚起が可能だとする理論は間違っていたが、その理論に基づいたアベノミクスは大成功だったという。状況次第で理論を着替えるのでなければ、インフレという的からは大外れでも、株や為替で大当たりしたから構わないとでも言うのであろうか。理論的反省もなければ将来不安や不安定雇用への対策もない。

当の指南役を回心させた理論とは？　企業の将来収益の予想が株価を決めるように、国の将来収益（財政余剰と通貨発行益）の予想が国債の実質価値、つまり額面価値÷物価水準を決めるという。国が財政健全化をさぼり、今後増税など致しませんと宣言すれば、インフレ期待が醸成され物価が上がるというのだ。

この「物価の財政理論」には理論と実証から多くの疑問があるが、政府や中央銀行が国民の頭の中

（期待形成）を左右できるとする根本的な思い違いに基づいている。黒田日銀の「インフレ目標によるデフレ脱却論」と同じ誤りだ。

経済学者は複雑怪奇な社会現象を単純な方程式にまとめる。これを眺めていると、変数を動かして世界を操作できると思えてくるから不思議だ。だが、危うい信頼の原理に支配される現実の通貨共同体を捉えるのは至難の業だ。

☞この政権の指南役とは内閣官房参与・浜田宏一氏で、奇妙な一文とは「『アベノミクス』私は考え直した」（文藝春秋、二〇一七年新年特別号）を指す。「物価水準の財政理論」とは一九九〇年代初めあたりから現れたマクロ経済学の理論モデルで、その主唱者の一人がCh.シムズ教授（プリンストン大学）。浜田氏は黒田日銀の異次元緩和を支持し、二〇一六年一月に金融緩和の継続を強く主張していたにもかかわらず、同年夏のシムズ教授の講演を聞いて突如天啓を得たらしい。二〇一七年一月には、金融緩和だけでは足りない、財政拡大が是非必要だと言い始めたわけだ。この理論には当初から厳しい理論的批判があった。

Willem Buiter, "The Fiscal Theory of the Price Level: A Critique," *Economic Journal* 112-481, July 2002.

●岩盤規制という幻想（2017. 6. 1）

これが安倍流ポスト・トゥルースか。共謀罪法案や加計問題に関する、熟議や事実への問答無用といった政権中枢の対応は常軌を逸している。先週の「戦略特区諮問会議」の議事録によると、市場神話を信仰する経済学者らが交々こう主張した。岩盤規制打破のための正々堂々たる議論では、加計学園への特別の配慮はありえない、云々。三十日の「未来投資会議」では、四年前の解雇特区の失敗をも顧みず、今度は企業提案で関連法案を一時停止する案が出された。

だが、ここには基本的な思い違いがある。既得権益を打ち破れば、競争原理が働いて資本・技術・労働力の再編で日本は成長できるという幻想だ。権力の布置を破れば、別の布置に置き換わるだけだ。法的規制や官僚の権限が政治的強権や大企業の恣意的権力に置き換わるわけだ。たとえば、ショック療法で官僚支配の旧ソ連経済を理想の市場経済へ転換する大掛かりな試みは見事に失敗し、今やロシアは独裁型のクローニー資本主義（まさに強権と大企業の癒着）に成り果てた。

ピノチェト軍事独裁政権を支えたシカゴ学派経済学者らが、非道な政権にすり寄るコバンザメ学者の究極の姿だ。しかも、医療で市場原理と利潤追求を許せば、必ず病的現象が現れることは経済学の常識ではないのか。農業についても同断だ。末期症状の政権はいつまで続くのか。

☞市場の自由はやがて政治の自由につながるとのミルトン・フリードマンらのシカゴ学派の主張とは反対に、実際には市場原理主義の経済学と強権政治は相性がよい。典型的なのが、一九七三年にクーデターで実権を握り、一九九〇年まで軍事独裁政権を率いたピノチェトに協力した一群の経済学者らだ。かれらは米国シカゴ大学で経済学博士号をとり、フリードマンらの市場原理主義に基づく経済政策で独裁政権を支えた。「新自由主義の理念と現実」の節のコラム「チリの九・一一」を参照。

黒田日銀

◉インフレ目標（2012. 12. 13）

自民党は二％のインフレ目標を日銀に課すことを公約に掲げた。だが、次の三点に注意すべきだ。

まず、インフレ目標は本来、インフレ抑制策として九〇年代に学界で支持を集めたもので、デフレ脱却効果は未知の領域だ。ショック療法で企業の悲観主義を払い落とし、投資を行わせるためには、数年は日銀がリフレ（政策的なインフレ喚起）から退却しないと約束する必要がある。だが、中央銀行の目的が物価制御やバブル予防にあるとの了解が共有されているなかで、デフレ脱却後も、たとえばバブルの渦中でリフレを続けると本当に信じられるだろうか（時間的非整合性）。

第二に、期待操作でデフレは解消できそうもない。投資と内需が振るわないのは、人口減少と高齢化、利潤機会の消失、低成長等の実体経済の諸条件があるからだ。日銀を手段独立性で縛って目標達成を迫っても、実現できなければ政権と日銀の権威が失墜するだけだ。

第三に、日銀のゼロ金利から始まる日欧米の非伝統的金融政策とは、管理通貨制度が管理不能になりつつあることを意味する。デフレ退治と財政再建で万策尽きれば、金融・労働・生活への国家介入が始まるはずだ。超インフレによる国債帳消し、雇用非正規化と賃金引下げ、社会保障の崩壊が起こるかもしれない。

◉インフレ期待（2013. 11. 28）

二〇〇〇年前後に、日銀は史上はじめて非伝統的金融政策を打ち出した。ゼロ金利、時間軸、量的緩和の三点セットだ。不況とデフレの打開策だったが、失敗に終わった。その後、リーマン・ショックを経て英米でも同じ政策が取られるようになった。政治介入で生まれた黒田日銀もこの枠組みを受け継ぎ、量的緩和の規模を異常なまでに拡大したわけだ。

問題は年間六十兆円から七十兆円までの国債買入と、ほぼ同額のベース・マネー（現金プラス日銀当座預金残高）の供給増が、どのような伝達経路を経て人々の期待を変え、デフレ脱却に結びつくか全く不明な点にある。パフォーマンスだけのショック療法といわれてもしかたがない。二年で二％のインフレ達成という大見えを切ったわけだが、失敗した場合にどう備えるのか。成功したとしても、名目ＧＤＰの半分を超えて膨れ上がるはずの日銀のバランスシートをどう始末するかは難問となる。最悪ケースは、国家財政破綻を防ぐための窮余の財政ファイナンスが引き起こすハイパーインフレだ。

現政権はインフレ期待という狐火に実体を与えるため、賃金引上げと消費の底上げを狙う。だが、拡大してしまった非正規雇用層の低所得水準や、国民生活より企業重視の政権の基本スタンスと真っ向からぶつかることになろう。

◉遂行的矛盾（2014. 11. 6）

先週、日銀は量的・質的緩和（ＱＱＥ）第二弾を打ち出した。自信満々の総裁会見から逆にうかがえるのは僅差で割れた政策委員の動揺だけではない。まず、ＱＱＥの政策手段であるマネタリー・ベースが物価やインフレ期待に効果を与える証拠は何もない。昨年四月に総裁が約束した二年間で二％のインフレ目標は到底達成不可能だ。

ＱＱＥ第二弾とは、ことばでＱＱＥの効果をうたいながら、第二弾を必要としたこと自体でその効果を否定するものだ（経済理論の時間的不整合に相当する）。インフレ目標でデフレ脱却ができるとするクルーグマン理論でも、どう日銀が国民のインフレ期待を操作できるかは全く不明だ。

今回の措置と消費税増税や政府の年金基金の国債売却・株式投資拡大とは無関係とする総裁の断言も、自ら捨てた日銀の政治的独立性を装うものであり、額面通りに受け取るものは誰もいない。事実上の財政ファイナンスで王様は裸なのだが、信認維持のため裸とはいえないのだ。

他方、バブル状況の資産市場と賃金デフレの実体経済の乖離が一層深刻化し、株などの資産を持つ者と持たざる者の格差が広がる。円安と実質賃金低下は庶民の購買力を奪い、デフレを進行させる。ＱＱＥ第三弾があるとすれば、その時こそ日銀の信憑性は完全に失われる。

◉ヘリコプター・マネー（2015. 3. 26）

バブル崩壊の対症療法から始まった米国の量的緩和（ＱＥ）はそれなりに成功し、出口のタイミングを見計らう段階だが、黒田日銀のバズーカ砲は総裁の当初の説明（二年間で二％のインフレを起こす）に従えば、不発に終わったという他はない。自縄自縛の政策で、少しでも逡巡すれば失敗の自認と解釈され、期待に働きかける効果を失う。

欧州中央銀行（ＥＣＢ）はこの三月からＱＥに乗り出したが、予め出口が一年半後とされてデフレ脱却の効果は疑問視されている。そのため欧州の有力な経済学者の中から「ヘリコプター・マネー」の提案が出てきた。

元来、思考実験の比喩であり大学の講義で広く使われてきた。国債発行→金融市場での吸収→ECB等の買いオペの経路ではなく、ヘリコプターで上空から現ナマをばらまくように、ECBが欧州市民の預金口座に現金を振り込むというものだ。QEと異なり出口を云々する必要がなく、格差解消を狙うこともできるという。棚ぼたのカネから消費にまわる比率（消費性向）が問題だが、悪名高き日本の地域振興券の場合には極端に低かった。

だが、政策的に望ましくてもこの提案は実現しない。技術的な問題よりも、自立自助や自己責任といった市場経済の根本的なイデオロギーに反するからだ。

☞ヘリコプター・マネーはもともと金融政策（中央銀行の買いオペ）を説明するための比喩だったが、二〇〇〇年前後に日銀が導入した非伝統的金融政策が所期の成果を上げなかったことから、次第に実際の政策的含意が検討され始めた。

Milton Friedman, *The Optimum Quantity of Money and Other Essays*, 1969

アデア・ターナー『債務、さもなくば悪魔：ヘリコプターマネーは世界を救うか？』日経BP社、二〇一六年。

◉日銀の失敗と成長戦略（2016. 10. 20）

なぜ量的緩和はインフレ期待醸成に失敗したのか。超インフレを招きかねない財政支配（金融政策の財政従属）を避けてどう出口を見出すか。三年半の黒田日銀を振り返るにはこの二つの問いが不可欠のはずだ。だが、先頃の日銀の「総括的な検証」は真摯な分析からほど遠い、責任回避の政治的文書に堕してしまった。

「人々がどう将来予想を立てるか」は歴史や社会心理が絡む問題で、複数均衡や自己実現的予言等の擬似理論を提供するだけの経済学の限界を示す。黒田日銀の失敗は、期待形成（国民の頭の中）は理論でも実際にも捕えがたいのに、操作可能だと考えた点にある。

安倍政権は日銀に見切りをつけて、成長戦略として「働き方改革」に乗り出すという。円安・株高や過去最高の企業収益の下でも低迷する消費や投資に直面して、分配や格差の問題、つまり非正規層の待遇改善・賃上げ・労働時間規制等の重大性に気が付いたというわけだ。

だが、働き方とは国民の仕事や生活のやり方そのものだ。「世界で一番企業が活躍しやすい国」にするために、われわれの時間や身体の使い方まで変えようとすることは、日銀の期待操作の試みより傲慢で無謀な目標だ。抵抗も大きいはずだ。現政権のキャッチフレーズ思考では到底解決できない。

☞日銀、「「量的・質的金融緩和」導入以降の経済・物価動向と政策効果についての総括的な検証」（背景説明）、二〇一六年九月二十一日。

ＴＰＰ・自由貿易

●オバマの事情（2011. 12. 22）

オバマ政権のＴＰＰ推進の背景は何か。大統領選挙前のＮＡＦＴＡ（北米自由貿易協定）反対のポーズを翻し、それを凌ぐ規模のＴＰＰによって、大企業の力でアジア進出と輸出増進を図ろうとしている。オバマは金融・製薬・医療保険等の業界に批判的だったが、金融危機収束のためウォール街人脈から、危機を起こした張本人らを政権中枢に起用した。その後、次々に製薬やアグリビジネス等のインサイダーを政権に引き込んでいった。

オバマ・ケア（二〇一〇年三月の国民医療保険制度改革）実現のため、製薬業界と政治的取引をしたと報道されている。薬価引下交渉や安価な代替薬の輸入をしないとの政府の約束と引き換えに、製薬業界はオバマ・ケアを擁護し、十年間に八百億ドル分のコスト削減に協力し、その宣伝に一億ドルを負担したと伝えられる。

ＴＰＰの焦点にはＩＳＤＳ条項（投資家が国家を訴えることのできる制度）と知的財産権があるが、これは製薬業界の利害に直結する。前者は製薬会社がＴＰＰ参加国の薬価決定に介入することを可能にするし、後者は後発薬を禁じて米国製薬業界の利益につながる。

米国流回転ドア（官民双方向の人的交流）が米通商代表部と製薬業界の癒着を生んでいるのは周知の事実だ。かれらは就職先確保のため国際交渉を行う。

●TPP秘密交渉（2012. 6. 28）

二週間程前、ＴＰＰ（環太平洋連携協定）秘密交渉のＩＳＤＳ条項（投資家国家紛争解決条項）が米国で暴露された。予想されたものとはいえその内容は驚くべきものだ。国内法を飛び越えて外国企業に政府を訴える権利を与える。しかも企業弁護士たちが交代で裁判官役を務める非公開の国際法廷が一審だけで決定を下す。各国の司法制度から独立に、民主的制御の及ばない裁判制度を新たに設けるに等しい。究極の投資家主権だ。

豪州だけは受け入れていないようだが、ＩＳＤＳ条項は、国民の生活と生命に直結する食料安保や薬価決定権を含む医療システムや保険制度・環境保護などに関する国家主権を、外国の投資家に売り渡すものと考えざるをえない。圧倒的に米国の大企業に有利になることは目に見えている。

アナール派歴史学の泰斗ブローデルは、十五世紀から十八世紀の西欧資本主義に関してこういう。「（大商人たちは高利潤を求めて）自分が歓迎されない回路に力ずくで入り込み、…特典を擁護し、損失を補償し、競争者を追い払い、…王侯の恩寵と好意さえも獲得する」。二十一世紀の多国籍企業は国家主権と民主主義をも超えようとする。

「メキシコやカナダがＴＰＰ交渉参加を表明した今、日本の乗り遅れは許されない」などという議論がいかに的外れであるか。

●自由貿易帝国主義（2012. 8. 23）

十九世紀の中盤、英国の政治的エリートは自由放任を標榜した。国家は、商業や金融を市場の働きに委ね、海外権益が脅かされる場合にのみ軍事介入すべきだとされた。それ以前の官許独占の東インド会社によるアジア侵略の時代と、一八八〇年代以降の憚ることのない帝国主義に挟まれて、自由放任思想は特異に見える。だがこのたてまえは、世界各地の版図拡大・植民地インドの圧政・中国との阿片戦争等によって内実を露呈される。自由貿易とは形を変えた帝国主義だったのだ。

現代の米国通商代表部や日本の諮問会議などでは公正な市場原理が称揚されてきた。いわく、自由でフェアな貿易、公正有効な競争、市場のルールと社会正義、等々。だが、グローバルなバブルと危機の連鎖を体験して身に染みて分かったように、市場原理を過度に追い求めれば、世界経済を不安定化し、成長を口実にして格差を広げ、失業と非正規雇用を増やして、結局は人々の生活と自然環境が犠牲にされる。オバマ政権や農業・保険・医療等の米国の大企業、それに追随する日本の政財界がアジアで覇権を求めるのがTPP（太平洋連携協定）に他ならない。「公正な市場原理」なるものは、日米大企業の抑制なき利潤追求や米国の政治的・軍事的プレゼンスと表裏一体だ。

●米国通商代表部（2013. 4. 4）

強い権限をもつUSTR（米国通商代表部）が日本で一躍注目されたのは、一九九〇年前後の日米構造協議だった。米側が初めて、日本の制度や取引慣行は自由貿易の障壁だから取り除くべきだと主張した交渉だった。当時の長官の回想録によれば「自由貿易こそ、人々にあまねく富と幸福をもたらす」という信念を実行しただけで、日本の文化・伝統・社会慣習を変える意図は毛頭なかったという。

歴史的事実に照らせばこの信念は怪しいものだが、USTRの実態とは米国のさまざまな業界利益の塊なのだ。米国では製薬や保険の業界が大きな政治力をもつが、その利害が回転ドア（官民の双方向の人材交流）とロビイストの制度によって直接にＵＳＴＲの交渉方針となり、国家利益と僭称される。癒着ぶりは、元長官のひとりが弁護士としてバイオ企業の知的財産権擁護に活躍したり、元日本部長が日本のがん保険最大手の会長になったことからもわかる。

さらに、当時とグローバル化が進展した現在では事情が大きく異なる。環太平洋連携協定は自由貿易を推進するというよりは、国境を越える企業活動の自由度を格段に上げて、各国の社会制度の根本的改変の突破口として利用しようとするものだ。コメも国民皆保険も食の安全も長期的には日米の企業利益に従うことになるはずだ。それが国民の利益なのか。

●反ＴＰＰ、米国版（2014. 2. 20）

米国でもＴＰＰ（環太平洋連携協定）に反対する動きが顕在化してきた。ＴＰＰ交渉には大統領への貿易推進権限付与が不可欠だが、両院の民主党有力者が最近反旗を翻した。支持基盤である労組や市民運動の反ＴＰＰを、保護主義への傾斜とか内向きの停滞などと解説するのは浅薄過ぎる。背景には、先月でちょうど二十年になるＮＡＦＴＡ（北米自由貿易協定）の苦い経験があり、ようやく米国でもＮＡＦＴＡと同じ仕組みのＴＰＰの深刻な意味合いが理解され始めたと考えるべきなのだ。

実際ＮＡＦＴＡの果実を享受したのは富裕層だけで、普通の働く米国民は製造業の空洞化、低賃金のサービス業への労働移動、中産層の没落、格差の拡大、若い世代の貧困化といった事態に直面している。隣国メキシコはもっと深刻で、ＮＡＦＴＡ締結以降、成長も賃金水準も停滞し、米国から大量に輸入される安価なコーンに押されて、伝統農業の農民は経済難民化し、多くは米国への違法移民となった。その数は推定で数百万人。

主要メディアにもTPPの効用を疑う論説が現れ始めた。オバマ政権の格差解消の大看板と格差を一層広げるに違いないTPP推進とは矛盾するというのだ。とどめを刺すのはクリントン政権で労働長官を務めた著名経済学者のライシュ氏で、NAFTA締結を悔いて反TPPの立場を鮮明に打ち出した。

●TPPが開く新世紀?（2015.10.8）

環太平洋連携協定（TPP）の全容と詳細はまだ不明なのに、消費者への恩恵や国別・業界別の星取表だけが取沙汰されている。だが、TPPの意味は別にある。

まず、食品汚染が広域化するリスクに要注意だ。日本人には抗生物質漬けの米国産食肉がボディブローとなるはずだ。動物の苦痛を顧みない工業的畜産業がTPPで延命することになろう。

第二点。別の条約の投資家国家紛争解決条項（ISDS）でタバコ会社に訴えられたため、ISDSに抵抗していたはずの豪州は、TPPではタバコ業界を切り離す（ISDSを使わせない）ことで手を打ったように見える。だが、資金力のある大企業は、他の分野で投資家の権益を国家主権より優先するISDSを使い放題だ。事実、全世界で大企業が途上国を訴える事例が激増している。ドイツ政府が脱原発で突然スウェーデンの企業に訴えられたように、TPPで先進国間でも提訴が頻発するはずだ。

歴史が示すように、市場原理と資本主義は何億人もの人々の生活水準を一世代の間に劇的に上昇させる力を持つと同時に、人権蹂躙・環境汚染・格差を引き起こしてきた。ＩＳＤＳはそのマイナスの力の経路となる。独仏国民や欧州議会が、ＴＰＰの大西洋版で米国が要求するＩＳＤＳに否定的なのはこの理由からだ。ＩＳＤＳに対抗できる人権擁護と環境保全の国際条約が求められている。

☞自由貿易協定に関して多くの問題が指摘されている。企業利潤や（狭い意味での）消費者利益のような経済学的価値に比べて、生産や消費の安全性や持続可能性、文化的伝統などの非経済学的価値が軽視されることへの不安や批判である。自由貿易協定とは国境を越えて市場原理を推進しようというものであるから、自由貿易協定への批判はそのまま市場原理への批判につながる。さらに、市場原理の立場に立ちつつも、市場経済の目的を企業利潤ではなく消費者利益の確保と捉える議論にとっては、大企業の権益だけが優先されがちな現行の自由貿易協定への批判や反感が生まれる。

欧州連合の場合を考えてみよう。欧州連合ＥＵは世界の主要先進地域と三つの自由貿易協定を締結しようとしている。米国との間に環大西洋貿易投資連携協定ＴＴＩＰ（Transatlantic Trade and Investment Partnership）を、カナダとの間に包括的経済貿易協定ＣＥＴＡ（Canada-EU Comprehensive Economic and Trade Agreement）を、日本との間に日欧経済連携協定ＥＰＡ（Economic Partnership Agreement）の締結を目指している。ＴＴＩＰはトランプ政権の成立で頓挫したが、ＣＥＴＡは欧州議会で批准され、二〇一七年八月現在で各国政府・各地域政府の批准を順次行っている段階であり、日欧ＥＰＡは二〇一七年七月初めに「大枠合意」が発表されたものの、下で述べる原則上の係争点で交渉は紛糾する可能性がある。

この交渉過程でEUの市民社会（各種の市民団体・労働組合・環境保護団体などの世論形成に影響力のある社会運動）の要求で、EUの交渉を担う欧州委員会は、従来の方針を次のように変えた。①交渉の秘密主義を払拭して、交渉過程も逐次公表する。②食品や食品添加物や薬品や農薬などの安全性に関して、「安全性が科学的に証明されない限り、認可すべきではない」とする欧州の「予防原則」を堅持する。③大企業優先の疑念を払拭するために、ISDSで設けられる私法的な裁定制度（企業が選任する弁護士などが裁定に加わる制度）に替えて、国が任命する判事が裁定を下す制度を設ける。

「市民社会と日欧EPA」（2017. 7. 13）も参照。

◉統一ルールの虚妄（2015. 11. 12）

環太平洋連携協定（TTP）の全文が公表された。公正な投資と貿易の統一ルールのモデルになるなどという解説が流布しているが、二重の嘘がある。

協定は日米の大企業や各国の錯綜した利害対立の妥協の産物で、膨大な細字部分（脚注、付属文書、交換文書）には例外規定があふれている。オバマ政権が吹聴する途上国の労働や環境の水準向上も望めない。

統一ルールとはとてもいえないが、圏内への投資推進の方向性は明確だ。だが、「国境なき医師団」が告発するように、製薬大手の知的財産権（薬の独占）が途上国の人命を奪ったり、著作権侵害の非親告罪化や企業悪の暴露の厳罰化でネットの自由を制約したり、投資家国家紛争解決条項（ＩＳＤＳ）を米国の金融業に使いやすくするのがなぜ公正な国際標準といえるのか。

ＩＳＤＳは企業弁護士が国内法や判例を無視して一審制の裁定を行うものだが、腐敗した「司法の民営化」であり到底許されない。豪州の現役の上級審判事やドイツの憲法裁判所の元判事は憲法違反だという。

文化の多様性、小農経営や地場産業等の地域共同体、生活と環境の持続可能性などの価値は、資本の進出には障害物になる。投資家にはＩＳＤＳがあるのに、地域の生業や労働側にはなぜ国際的な提訴の権利がないのか。

◉ＩＳＤＳと訴訟資本（2016. 9. 15）

最近、ネット上のメディアの周到な調査報道でＩＳＤＳ（投資家国家紛争解決）の運用実態が暴露された。多くの実例と実名が挙げられている。本来、この制度は企業の権益を投資先の独裁政権の資産没収などから守るために設けられたもので、国際私法の場で企業は国家を訴える権利をもつ。ＴＰＰ（環太平洋連携協定）やその大西洋版のＴＴＩＰも根幹部分にこの条項を含む。

だが、実際の運用はまるで違う。事業家などが途上国で資金洗浄・横領・背任・贈賄等で刑事責任を問われた場合、ＩＳＤＳ提訴と巨額賠償金で政府を脅して訴追を取り下げさせるという。インドネシアやエクアドルの例が示すように、鉱山会社が途上国で深刻な環境破壊を起こしても、この法的トリックがあれば安心だ。この制度は「公正で衡平な待遇」を実現するどころか、刑罰回避の不正な手段に変貌してしまったのだ。

国際企業弁護士の閉鎖的なエリート集団からISDSの裁定者が選ばれる。裁定結果は推して知るべし。米国通商代表から回転ドアでこの法のマフィアに入った者もいる。さらに、裁定や和解で巨額賠償金を政府からせしめる見込みがあれば、当事者の企業や事業家から提訴そのものを「買い取る」こともあるという。ISDS提訴はカネを生む「訴訟資本」の活躍の舞台となるのだ。

☞ Chris Hamby, "The Court That Rules the World," BuzzFeed, Aug. 28, 2016; "The Billion Dollar Ultimatum," BuzzFeed, Aug. 30, 2016; "Let's Make Them Poorer, and We'll Get Rich," BuzzFeed, Aug. 31, 2016; "A Homegrown Disaster," BuzzFeed, Sept. 1, 2016.

◉市民社会と日欧EPA（2017.7.13）

日欧の経済連携協定（EPA）の大枠合意が発表された。だが、「欧州産の旨いワインとチーズが安くなる」といったピンボケ報道では肝心の点が見えない。

一昨年十月にベルリン中心部を埋め尽くす十五万人のデモがあった。当時交渉中のTTIP（米・欧州連合間の自由貿易協定）などへの抗議だが、新自由主義への反感は、影響は小さいものの日欧EPAにも共通する。

市民らの懸念は三点に絞られる。まず、自由貿易が食の安全を脅かす恐れで、食品などの安全性の証明がなければ認可しないという「予防原則」が彼らの最後の拠り所だ。米欧間の係争点だったが、日欧の協定文書では何の言及もない。

二つ目は企業主導のグローバル化を象徴するＩＳＤＳ（投資家国家紛争解決）条項だ。企業選任の弁護士らが裁定を下す結果、環境規制等の一国の主権を侵す危険性を孕む。脱原発のドイツは外国企業からこの制度で訴えられている。批判の高まりが公的裁定制度へ欧州委員会を方針転換させたのだが、日本がＩＳＤＳに固執しているため交渉決裂もありえる。

秘密主義も問題だ。安倍首相は情報リークに苦言を呈したが、欧州はすでに完全な透明性（交渉経過の遂次公表）へ舵を切っている。拙速の大枠合意という政治ショーはだれのためか。

格差と福祉

●格差と寿命（2011. 5. 12）

昨年イギリス政界で話題になった本がある。日本語訳では『平等社会』というタイトルだが、イギリスの疫学の専門家が長年の研究をまとめたものである。主張は衝撃的だ。

下積みの人間は社会生活でストレスを感じることが多いので、同じものを食べ同じ生活をしていても、高所得層より病気になりがちで死亡率も高い。所得水準が高くても格差の大きい社会では、平均寿命は短く精神疾患も多い。経済成長で国民が豊かになっても不平等が広がれば、命と心身の健康という経済の根幹が損なわれるというわけだ。データ処理には反論もあるが、この結論は世界各地の統計に基づいている。

これが本当ならば、分配や福祉よりも効率や成長の方が大事だという主張は疑わしくなる。「稼ぎ頭の企業や才覚ある人物にはどんどんやらせるべきだ。格差が広がっても経済全体がよくなるから、結局は下層にも恩恵が及ぶ。先頭集団に存分に活躍してもらうために規制緩和や減税が必要だ。」こんな市場原理派の議論は根拠を失う。

わが国でも格差論争があったが、日本の格差はそれほどひどくないとか、格差があっても構わないなどという議論はアピールしなかった。オール中流社会と思われていた日本で、格差が急拡大していることを人々が皮膚感覚で感じ取っていたからであろう。

☞リチャード・ウィルキンソン他『平等社会』（東洋経済新報社、二〇一〇年）。原著は Richard Wilkinson and Kate Pickett, *The Spirit Level: Why More Equal Societies Almost Always Do Better*. London, Allen Lane, March 5, 2009

◉障害者の尊厳（2012. 2. 16）

先週、厚労省は悪名高い「障害者自立支援法」の改正案を出した。だが一部手直しに過ぎない改正案が通れば、数ある民主党の公約違反のなかで最も露骨なものになるはずだ。

同法は小泉改革の熱狂のなかで二〇〇五年に成立したもので、障害者福祉をかれらの権利ではなく、行政が提供し障害者が対価を払って享受するサービス、つまり準市場として捉える。この理念は選択・競争・契約主義を建前にする介護保険制度に通じる。

だが実施されると、食事・身体移動・発話・作業などの人間の基本機能に関して障害の重い者ほど高い利用料（一割負担）を払うことになり、サービス断念が相次いだ。自立支援どころか自立を阻害したのだ。大規模な反対運動は全国の違憲訴訟へ集約され、一昨年一月、人間の尊厳を深く傷つけた同法は廃止するという政府の劇的な謝罪で和解へと至った。

福祉を市場に見立てる考え方は英国の「第三の道」で打ち出された。福祉サービスに価格をつけることで福祉のただ乗りやサービスの供給過剰を防ぎ、同時にサービス享受者の主体的選択を可能にするというわけだ。素晴らしい経済理論だ。だが理論と現実がこれほど乖離するのも珍しい。福祉サービスを生存・生活の絶対条件とする障害者に「選択」の余地はあるのか。

●ブロッコリーと医療保険（2012. 4. 5）

先週の連邦最高裁の口頭弁論は全米の耳目を集めた。二年前に成立した、現政権の目玉の国民医療保険改革法（オバマ・ケア）をめぐる裁判だ。米国では貧困層などの無保険者が全国民の七分の一、約四千七百万人に上る。その救済のためには公的医療保険が望ましいが、強大な政治力をもつ民間保険業界に妥協せざるをえない。病歴の有無で保険加入者を差別しないとの条件と引き換えに、オバマ政権は全国民にいずれかの民間保険への加入を義務づけた（個人強制保険）。経済学初歩で教えるように、加入義務がなければ医療保険に入ろうとする者は高齢者や病弱な者などに限られ、保険そのものが成立しないからだ。

ところが、最高裁判事の半数を占める（超）保守派の目には個人強制は憲法違反に見える。特定の私的財の購入を国民が命令されるのは「自由」に反するという訳だ。ある著名判事は個人強制を（健康にはよいが、個人の好き嫌いがはっきり分かれる）ブロッコリーの購入強制という不条理に例えてオバマ・ケア全体を葬ろうとする。

裁判の丁々発止のやり取りは多層の意味合いを含むが、米国保守派の本音が垣間見える。いわば生病老死の自己責任論であり、福祉とは連帯ではなく他人のカネにたかるただ乗りと考えるのだ。オバマ・ケアを挟撃する保守派と公的保険推進の進歩派の溝は深い。

●医療民営化（2013. 4. 18）

環太平洋連携協定交渉で表向き米国は日本の国民皆保険の民営化を求めないという。外圧は当面ないようだが、国内から混合診療（保険診療と自由診療の併存）を要求する声が高まっている。出河雅彦氏の近著『混合診療』（医療経済社、二〇一三年）は周到な取材と議論でその危険性に警鐘を鳴らしている。

混合診療を求めてきたのは、一縷の望みをかけて未承認薬を希望する難病患者だったが、この十年、先進医療などで混合診療が認められるようになってきた。他方、小泉構造改革以降、政財界の有力者は民営化された医療に巨大な利潤機会を見ている。公的保険は抑制して低所得者向け医療とし、高所得層のニーズに応える自由診療を民間医療保険とセットにして成長産業にするべきだと主張する経済学者もいる。医療とは市場で取引される私的サービスか、それとも国民全体のための公的制度かという根本的問題が争われているのだ。

医療民営化の行き着く果てを米国に見ることができる。権威ある医学専門誌の元編集者は著書『ビッグ・ファーマ』で巨大製薬会社の驚くべき実態を告発している。かれらは米国立衛生研究所の公費の研究成果を特許で独占し、薬の臨床試験に介入し、米国内の薬価をつり上げ、後発薬発売をなるべく遅らせる等で巨額利潤を得ているという。

☞マーシャ・エンジェル『ビッグ・ファーマ　製薬会社の真実』篠原出版新社、二〇〇五年。

◉権利としての医療（2013. 5. 2）

米国人医師ポール・ファーマー氏はハーバード大学付属病院で重責を担いながら、永年、一年の半分程は西半球最貧国ハイチの診療所で地域医療に献身してきた人物である。エイズ、結核、マラリアなどは現代医学で治療可能だが、これらの伝染病で死ぬ世界の最貧困層は毎年六百万人と言われる。氏はこの原因をグローバルな経済の仕組みが弱者に振るう「構造的暴力」にあるとして告発するだけでなく、世界各地で治療の実践にあたる。医療に多面的生活支援を組み合わせる方法で、ペルー貧困層の結核やハイチのエイズに劇的な治療効果を生んだことが評価され、世界保健機構もこの方法を採用するに至っている。

米国や途上国の貧困層の悲惨と米国医療の営利主義の対照を見て、氏は医療を市場の力に任せていては「医学の実践ですら人権侵害に加担しうる」とさえいう。医療とは国境を越えた貧者の権利だというのだ。

氏は多くの受賞に輝く国際的名士であり、その影響力は国際機関や援助団体にも及んでいる。医学部以来の同志ジム・ヨン・キム氏も、オバマ政権の抜擢で世界銀行総裁に選ばれた。かつての世銀の「構造調整」の批判者は、今や世界の貧困撲滅の責任者の立場に立たされた。しかし、「構造的暴力」の力は当分衰えそうにない。

☞ポール・ファーマー『権力の病理　誰が行使し誰が苦しむのか　医療・人権・貧困』みすず書房、二〇一二年。

◉人の命と薬の特許（2013. 5. 23）

昨年、米国の製薬大手がＮＡＦＴＡ（北米自由貿易協定）を根拠に、一億ドルの賠償を求めてカナダ政府を訴えた。同社の特許が認められず損害を被ったという。カナダの特許政策を標的にしたもので、薬の特許関連では初めての例となる。

製薬会社には薬の特許は利潤の源泉で、ＴＰＰ（環太平洋連携協定）でも米国の交渉力を後ろ盾に特許の維持と拡大に躍起になっている。だが、高価な抗がん剤やエイズの薬には途上国の貧困層は手が出ない。安価な後発薬こそかれらの生命線だ。十年前に年間一万ドルもしたエイズの薬は、最近では百ドル程になり、処方される患者はこの十年で三十万人から六百万人以上になった。製薬会社の利潤追求を抑えれば、救える命は確実に増えるのだ。

インドは昨年はじめて大手の抗がん剤に「強制ライセンス」を適用して、後発薬製造を合法化した。さらに先月、年間七万ドルもするスイス製薬大手の白血病の薬の特許を打ち消した。ほとんどのインド人患者は利用できないからだ。命にかかわる薬の特許を制約するのは途上国政府の道徳的義務といえる。

国境なき医師団だけでなく、世界保健機関や国連開発計画のような公的機関も、今後の自由貿易協定のモデルとなるＴＰＰ交渉を大きな懸念をもって注目している。

☞南アフリカは、他のサハラ以南のアフリカ諸国と同様にエイズの蔓延に苦しんできたが、一九九七年に治療に有効な三剤併用療法を推進するために立法措置をとった。それ以前に、国内法に欧米のような知的財産権保護の規定がないブラジルやタイで、原料をインドから輸入して国内で後発薬を製造し、無償あるいは極めて安価に患者に投与して、エイズ対策に優れた効果があった。これにならって、南アフリカも緊急時の強制ライセンス（強制実施権、つまり知的財産権保有者の同意を求めずに特許を使う）とエイズ治療薬の並行輸入を決めようとしたのである。これに対して世界の製薬大手三十九社は同地で裁判を起こしたが、世界の世論の総反撃にあって二〇〇一年に訴訟を取り下げた。多くの報道や論評がある。たとえば

"How drug giants let millions die of Aids," the Guardian, Dec. 19, 1999; Tina Rosenberg, "Look at Brazil," New York Times, Jan. 28, 2001; Rachel L. Swarns, "Drug Makers Drop South Africa Suit Over Aids Medicine," New York Times, Apr. 20, 2001; Kate Kelland et al., "Exclusive: Africa to get state-of-art HIV drugs for $75 a year," Reuters, Sep. 21, 2017.

●貧困のアメリカ（2013. 11. 14）

『繁栄からこぼれ落ちたもうひとつのアメリカ』（ダイヤモンド社、二〇一三年）は痛切なルポだ。米国の新自由主義が本格的に始まるレーガン時代からリーマン・ショックに至る三十年の貧困を記録する。ピューリッツァー賞受賞作家の視線は、たまたま遭遇して知り合いになった底辺の人々に徹底してよりそっている。貧困と絶望に沈みこんだ人もいれば、這いあがった人もいる。失業率・貧困率・乳幼児死亡率のような統計データでは見ることができない、米国社会の実相を内側から伝える。

凄みのある多くの写真は、失業者、ホームレス、ワーキング・プアの家族、シングル・マザー等の

悲しみと怒りや、廃墟と化した製鉄所の空虚感を写し取っている。作者は静かな筆致で、安全網のない市場原理がどう中産階級を没落させたか、「創造的破壊」や「企業家精神」がどう心と街の風景を荒廃させたかを告発する。米国はもうかつての米国ではないのだ。

日本の政権は躍起になって労働・農業・医療を市場化し、既得権益を打ち破ると称して「創造的破壊」を称揚する。市場原理の負の側面に目をふさいだまま、小泉構造改革の再演を図る策士が政権中枢を取り仕切ろうとする。労働は再び商品になったと宣言する経済学者や、解雇自由の米国式雇用システムをとるべきだと提言する財界首脳もいる。

●改革幻想（2014. 7. 17）

政府の規制改革会議が先月出した第二次答申は、相変わらず改革幻想に満ちたものだ。成長を至上の政策目標とし、市場を効率性と、企業を創意や革新と同一視する思考法は、市場や企業のダークな裏面を見まいとする姿勢と表裏一体だ。

答申は、将来の保険診療への組み入れを前提としないまま、自由診療を拡大しようとしている。しかし、医者と患者の間の情報格差や承認期間の極端な短縮から、医療過誤や医療裁判が頻発することは明らかではないか。

しかも、病院が富裕層の選択の自由に対応すれば、保険診療がおろそかになり、医療格差が拡大する。サプリも米国流に企業の判断だけで効能を宣伝できるようになれば、消費者はモルモット扱いだ。市場原理とは副作用を伴う劇薬なのだ。

財界代表の製薬最大手トップが、契約自由の雇用慣行（いつでも解雇可能）を求めて旗を振る間に、足元では臨床研究を捻じ曲げて降圧剤を宣伝し、大儲けしていた事実が発覚した。実地に企業性善説が誤りであることを示したくれたのだ。

政府の審議会などに集まる財界人や経済学者らのもう一つの特徴は、強権で制度改革を一挙にやってしまおうとする傾向だ。新自由主義の経済政策を初めて実行したのは、チリの軍事独裁政権下のシカゴ学派（市場原理主義）だったことを想起すべきだ。

☞従来、混合診療禁止の例外の保険外併用療養として、先進医療や差額ベッドなどの制度があったが、規制改革会議の発議で患者申出療養がこれに加わった（二〇一四年六月の閣議決定）。表向きは、将来の保険診療へ保険外併用療養を組み入れるとの含みを持たせているが、先進医療の場合には必ずしも実現していない。金持ち優遇との批判がなされる所以である。

●貧困と市場の公準（2014. 9. 18）

先月、「子供の貧困対策に関する大綱」が閣議決定された。だが、ひとり親世帯への児童扶養手当増額や給付型奨学金などの当事者の切実な要望は退けられ、既存の政策を寄せ集めて色を付けただけという形だ。

先進国で最悪の子供の貧困率（子供の六人に一人が、年収約百二十万円以下の家庭に暮らす）や五〇％以上の異例に高い母子家庭の貧困率が、今後一層高まることは必至だ。財源難が表向きの理由だが、真の理由は別にある。

市場で売れるものを持つ者だけが生き残れるという市場経済の公準は、「働かざる者、食うべからず」という価値観に内面化されて押し付けられる。生活保護バッシングも同根だ。

一九九九年、英国の労働党政権は子供の貧困を二〇一〇年までに半減し、二〇二〇年までに根絶するとの大胆な数値目標を打ち出した。福祉を詐欺や怠惰と同一視する中間層の支持を集めるには「福祉から就労へ」を唱えて市場の公準を掲げることによって初めて、子供の貧困対策を提起できたわけだ。

市場の公準だけでは社会は崩壊する。だから、対極にある公準、権利としての福祉（健康で文化的な最低限度の生活）は政治が保証すべきものだ。「子供たちとお母さん」は空想上の米軍帰還船にいるのではなく、現にわれわれに助けを求めている。

☞二〇一四年五月一五日の安保関連法案に関する記者会見で、安倍晋三は紛争地から脱出する日本人を米軍艦船が救助するとの想定の下に、「この船に乗っている、もしかしたら子供たちを、お母さんや多くの日本人を助ける」ために自衛隊による米軍援護が必要であると述べた。

●魔の山（2015. 1. 29）

先週、スイスのリゾート地、ダボスで恒例の会議があった。欧米などから著名な企業家や政治家を招いて世界の焦眉の問題を論じあう。会議のテーマから世界の支配層や富裕層の関心事をうかがえる。

成長に伴うコストとして格差を擁護する主張は少数派になり、大方の参加者に共通するのは、グローバルな規模で拡大する一方の格差が、特権的地位と富を道連れに資本主義を破壊してしまうのではないかという恐怖感だ。欧米のピケティ・ブームは怖いもの見たさにも支えられている。だが、資本主義の法則などと大上段に振りかぶらなくても支配と格差は眼前にある。

日本の非正規層差別は語りつくされたが、現政権は対策を講じる気配さえ見せない。つい先日、ギリシャの左派勢力が政権を奪ったのも、犠牲を払い続けた庶民のやむにやまれぬ反撃だ。欧州連合を牛耳るエリート官僚や経済優等生ドイツの政治家らが、債務返済の神聖な義務を旗印にギリシャに押し付けた緊縮財政と構造改革が耐え難い苦痛を生んだのだ。

トーマス・マンの小説『魔の山』は、ダボスの結核療養所で延々と続けられる高踏な議論に倦んだ若き主人公が、戦争で騒然とする下界に降りていくところで終わる。格差という病に冒されて発熱する現代資本主義も、エリートらの内輪の議論ではなく現実の対策を求めている。

●なぜ弱者を憎むのか（2017. 3. 30）

「誰一人飢えたり凍えたりする者がいてはならない。それでも、そういう者がいれば強制収容所行きだ。」ナチス時代のジョークだが、弱者排除の論理や心理を言い当てる。

一八三四年、英国議会は生存権を保証した救貧法が貧民の勤労意欲を削ぎ、社会を荒廃させたとして制度を廃止した。賃金のために労働に携わる階級が生まれたが、史上最も残酷な社会改革といわれる。根拠となった議会報告書は貧困や失業を自己責任とする古典派経済学の色眼鏡に基づいていた。弱者とは怠け者というわけだ。

一九八〇年代以降、英米の新自由主義政権はこの見方を復活させた。背景には家計の帳尻合わせに四苦八苦する勤勉な人々の福祉依存への反感があったはずだ。米国では福祉給付で自堕落な生活を送る「福祉女王」のイメージから黒人貧困層への憎悪が広がり、「福祉から就労へ」政策が大きく転換した。英国では福祉の準市場（受益と負担の交換）が謳われたが、日本は悪名高い旧「障害者自立支援法」でこの理念を直輸入した。

優生思想に行き着かなくとも、弱者への憎悪は生死にかかわる。トランプ政権の国民医療保険案は成立していれば多数の無保険者を生み、毎年四万人以上の命を奪うという。日本の生活保護叩きと同じで、心の闇が憎悪を生むというより誤った社会観こそ問題なのだ。

☞二〇一四年から施行されたオバマ・ケア（米国医療保険改革）がトランプ政権や議会多数派の共和党によって廃止されると、無保険者が再び増える結果、適切な医療サービスを受けられずに死ぬものが増えると予想される。正確な予測はもちろん不可能だが、専門家によれば毎年三万人から五万人超の追加的死亡が見込まれるという。別の推計によれば、二千二百万人が無保険者になるために、毎年二万四千人の追加的死者を見ることになるという。

Allie Conti, “How Many People Will Die if Republicans Pass ‘Trumpcare’?”, Vice, Mar. 21, 2017.; Julia Belluz, “The GOP plan for Obamacare could kill more people each year than gun homicides,” Vox, Jan. 26, 2017.

Ⅳ 環境

原発

●分岐点（2011. 3. 17）

今回の大災害は日本人の原体験に組み込まれ、時代が一変する分岐点となるに違いない。

特に原発事故は、九・一一が世界を変えたようにグローバルな意味を持つ。まだ進行中で最悪の事態も起こりうるが、この事故は推進派のあらゆる正当化を事実によって反駁したことになる。エネルギー政策は根本的に再考し原発輸出は止めなければならない。原子力の時代は終わったことを確認しよう。

もう一つの分岐点は政治だ。被災者への共感と援助が新たな連帯社会を切り開く兆しがある。他方、「どうしても避けられない事態なのだ」という不可避性のイメージ、「皆が等しく負担すべきだ」という平等性のイメージを利用して、強引な政治的決定が行われる可能性もある。たとえば、復興に必要な財政負担は早晩増税の論議につながる。復興税と消費税でだれが何を負担するのか、注視する必要がある。

沈滞する経済を活性化するために、ＴＰＰ断行によって規制緩和と農業市場化を図るべきだという議論も出てくるはずだ。TPPが逆にどのようなダメージを日本の食と農に与えるか、ショック療法がどのようにわれわれの生活を壊すか、徹底して議論すべきだ。

社会的疲弊と政治的混乱が危ない政治勢力を招き寄せれば、今回の大災害は暗い時代への分岐点となるかもしれない。

◉原子力ルネサンス（2011.3.31）

最悪の事態も視野に入ってきた。東電や監督当局への批判は今のところ自己抑制されているが、いずれ法的責任や政治責任が追及されるはずだ。

しかし別のもっと深い責任をわれわれは共有している。未来の世代への責任である。放射能は長期に癌を多発させる可能性があるというだけではない。未来の世代にどんな世界を残していくかが問われている。

フクシマは原子力をめぐる意思決定システムの破綻であり、天災は破綻の引き金に過ぎない。日本の原発は利権と不透明な政治力学に左右されてきたという前福島県知事の告発は重い。

他方、理系の知的エリートが「原子力ルネサンス」という美名で財界・官界・学界・マスコミをリードして与論を形成する構図もあった。もともとこのルネサンスなるものは、不振に喘いでいた米国の原発業界と一人の上院議員が地球温暖化に乗じて仕掛けたものだ。

日本の原発は絶対安全だ、事故があってもチェルノブイリのようにはならない、たとえそうなっても人的被害はわずかだ、などというレトリックは事実上も論理的にも破綻している。

最後の論点は原発推進派の国際原子力機関（ＩＡＥＡ）の見解だが、疑ってかかるべきだ。たとえば、原発事故に関して世界保健機構（ＷＨＯ）は独自の見解を公表しないという取り決めがある。

◉原発、国家、市民（2011.4.7）

汚染が徐々に広がっていく。遠い国の惨事であったチェルノブイリが身近に迫って来る。原発廃墟、何十年も続く事後管理、広大な無人ゾーン、内部被曝の懸念、このような風景に日本人も耐えなければならないのか。

市場原理に任せれば高リスク高コストの原発は安楽死するだろうという議論があるがそれは疑わしい。危険な巨大システムは国家管理を必要とするからだ。原発事故は私企業の手に余る。テロの可能性もある。平常時でも国家に情報や権限が集中し市民の監視や参加は制約される。

すでに三十年前に原子力は民主主義への脅威だという議論がドイツで行われた。実際、欧州や米国など原発がある所では国家の強力な規制や長期計画があり、政治家や官僚が原発業界に取り込まれている。さらに国家間競争という強迫観念が絡む。原発そのものが国家管理と癒着と利権を呼び込む。国際原子力機関も原子力村国際版と考えた方がよい。

懸念されるのは、事故処理の過程でチェルノブイリのように不都合な情報が秘匿され歪曲される可能性である。今からすべての科学的情報の公開を保証すべきだ。研究者も研究費をどこから得ているか公表すべきだ。原発を考えるときは国家の観点だけではダメだ。一人ひとりの市民の観点から見て初めて原子力の意味が明らかになる。

☞ドイツの反原発運動の先駆的な文献の一つ。ロスナーゲル『原発はわれわれの自由を脅かす』(未訳)

Alexander Rossnagel, *Bedroht die Kernenergie unsere Freiheit*, C.H.Beck, 1983.

●リクヴィダートル(2011. 4. 14)

原子力安全委員会もとうとうチェルノブイリ並みであることを正式に認めた。原発推進派の専門家は責任を厳しく問われなければならない。本当に信頼できるのは反原発を訴え続けた市民科学者と呼ぶべき人々だ。

社会でも技術でも危機の際にシステムの本性が明らかになる。チェルノブイリの場合は六〇万人とも八〇万人ともいわれる清掃人(リクヴィダートル)が動員された。二十歳そこその兵士、予備役軍人、消防、技術者、作業員などのさまざまな職種と年齢の人々が原発や半径三〇キロのゾーンの清掃に従事した。予備知識や装備もなく、飛び散った残骸を手で摑んで原発内部に投げ込む仕事をした者もいた。彼らは作業が終わると国からの感謝状をもらって帰還した。急性放射線障害を生き延びた者も治療や生活援護を受けられず、彼らに関する公式の記録もない。文字通り使い捨てである。

日本は旧ソ連とどう違うのか。今苛酷な現場を支えているのは、千人程の東電やメーカーの技術者や下請けの作業員たちだ。特に立場の弱い下請けの人々の処遇に関して我々は何ができるのか。「日本は一つのチーム」ならば、衰退する地方に原発を押し付け、市場原理を使い捨ての非正規雇用として労働者に押し付けてきた日本のシステムを変えなければならない。

◉脱原発、ドイツ流（2011. 4. 28）

福島の事故以降、ドイツの脱原発が加速している。原発維持の立場だったメルケル首相は世論の動向を見て政策を急転回した。六月には脱原発の新法案を出すという。転機となったのは、保守の牙城であった南西部の州の地方選で、反原発を標榜する「緑の党」が劇的な勝利を収めたことであろう。

州の新首相（日本の知事にあたる）になるはずの人物は、州を越えてドイツ人の不安と期待を体現する。「緑の党」の筋金入りの運動家だが、カトリックの元教師でドイツ南部の豊かな自然を何より愛するという。価値保守主義と形容されることが多い。自然との調和や社会的連帯などの伝統的価値を重んじる立場で、既存の社会構造を擁護する政治的保守主義から明確に区別される。

ドイツ世論の背景にはチェルノブイリの恐怖の体験がある。いまだにドイツ南部の野生動物の肉やキノコは危険だという。反核思想やキリスト教の影響も大きい。メルケル首相が早速立ち上げた倫理委員会にも反原発の立場の哲学者や宗教家が招聘されていて、エネルギー政策を根本から議論するはずだ。

日本はドイツと違う。だが日本人の自然観や社会観にはドイツの価値保守主義に通じるものがある。利権や思い込みを取り払えば、必ず日本流脱原発の道筋が見つかるはずだ。

☞この年の三月末のドイツ南西部バーデン・ヴュルテンブルク州の選挙で、長年の保守党（CDU）支配から緑の党への劇的な政権交代があった。緑の党の指導者がヴィンフリート・クレッチマン氏である。

三・一一後、メルケル首相は直ぐに政治家や宗教家や哲学・社会学・危機管理・環境科学等の専門家を招集して「より安全なエネルギー供給のための倫理委員会」を発足させた。その最終報告書はこの年の五月三〇日に提出された。*Deutschlands Energiewende—Ein Gemeinschaftswerk für die Zukunft*, Berlin, den 30. Mai, 2011.
翻訳は『ドイツ脱原発倫理委員会報告』大月書店、二〇一三年。

◉核廃棄物輸出（2011. 7. 7）

東芝の社長がモンゴルに核廃棄物の国際的処分場を作る計画を推進するよう、米政府に要請したとの報道があった。かつて世銀エコノミストが「発展途上国への有毒廃棄物輸出は理に適っている」という文書を記し、これが漏洩して物議を醸したことがあった。今度の主役は経営者であるだけに問題は具体的で深刻だ。

東芝を含む日本企業三社は世界中で原発輸出を狙っている。原発商売でまず障害となるのは核廃棄物なので、この要請となったわけだ。

フランスの国策会社アレバも、インド政府の要請でジャイタプールという地震多発地で巨大原発施設を計画している。だが一九八四年のボパール化学工場事故（二万人前後が死亡と推定）を経験したインドの民衆や科学者は、命がけの反対運動を展開している。砂漠のモンゴルでは話が違うとでもいうのか。

他方、国際原子力機関は原発メーカーの製造物責任を不問にするルールの採用を途上国に働きかけている。これ抜きにはリスクが過大で原発が売れないという身勝手な理由からだ。

それでも途上国で苛酷事故が生じれば、原発メーカーは免責法を盾にとり、知らぬ存ぜぬを決め込むことなどできないだろう。困窮する地方に原発や処分場を押し付ける国内のやり方を世界に広げるべきではない。

☞このコラムに対して東京新聞に東芝から抗議が寄せられた。だが、当時の東芝社長の佐々木則夫氏（後に不正会計などの責任をとって、他の歴代社長二人とともに東芝の役職を辞任）が米高官に宛てた書簡のコピーは、共同通信が入手したもので信憑性は高い。事実、米政府当局者はこの書簡が政府内で回覧されたことを認めたという（東京新聞二〇一一年七月二日朝刊記事）。

一九九一年当時、世界銀行のチーフ・エコノミストであったローレンス・サマーズは、行内のメモで概略次のように主張した。「有害廃棄物の健康被害のコストは、病気や死亡による被害者の逸失利益で測ることができるから、賃金が最低の途上国へ廃棄物を輸出することが世界全体の厚生に資する。汚染廃棄物を出す産業は発電や輸送のような非貿易財を生産する産業であり、工場移転などによって汚染を輸出できないから、途上国は望ましい汚染水準に達していない。きれいな環境への需要は所得水準の上昇とともに、比例以上に伸びるので、先進国から途上国への廃棄物輸出はこの理由からも望ましい。」反語的表現でなければ、経済学的推論の退廃を明確に示している。

ジャイタプールの反原発運動に関しては、「ジャイタプールの原発反対運動」、ル・モンド・ディプロマティーク・日本語・電子版、二〇一一年四月号などを参照。

●確率論的安全評価（2011. 9. 22）

確率論的安全評価は、原発の苛酷事故へ至る原因・結果の連鎖の環のひとつひとつの発生頻度（確率）の積として事故の確率を把握して、これを引き下げることを狙う。今年の原子力学会ではこの手法で津波による炉心損傷のリスク評価をするという。

だが、これには本質的問題が少なくとも三つある。第一は事故原因の予見不可能性だ。次の原発事故は地震や津波が引き起こすとは限らない。たとえば全国の原発への同時多発テロの可能性は無視できるのか。第二に、原因・結果の環は確率的に独立とは限らない。つまり複数の事故原因は連動・共振する可能性がある。報道によれば原子力安全委員会は十八年前に全電源喪失の論理的可能性を考慮しながら、複数の原因のひとつひとつの確率が低いので、その積は極小となり無視できると結論した。浜岡原発訴訟における悪名高い斑目証言（複数の安全装置の同時故障は無視できるとの斑目春樹氏の証言）も同じ発想だ。だが、今回の地震や津波によってこの確率的独立の想定が誤りであることが残酷な形で示されたのだ。第三に、原発のリスクを事故の確率×損害の大きさで測る場合、損害とは何かが決定的に重要になる。東電の賠償額は巨額なものになるが、それとてもわれわれが失ったもの、失うもののごく一部に過ぎない。

●飯舘村（2011. 10. 27）

原発事故前の飯舘村を伝える『までいの力』（SEEDS出版、二〇一一年）という本は、豊かな新しい農村の姿を垣間見せてくれる。住民の創意と努力で美しいコミュニティが建設可能であることを実地に示している。原発事故と放射能汚染によって事情は一変した。全村避難後も住民は厳しい決断を迫られている。

まず、除染はどの程度可能なのか。周囲の広大な山林はどうするのか。莫大な費用はだれが負担するのか。除染後に住民が帰村して以前の生活をとりもどせるのか。それとも子供をもつ若い家族は結局帰ることができないのか。そもそも低線量被曝に関して安全性を保証する線引きが不可能である場合に、村全体として基準を決めることができるのか。さらに、全村避難で生活と生産の共通の場を失ったコミュニティをどのように維持していくのか。むしろ代替地にもう一つの飯舘村を作るべきではないかとの意見さえ住民から出される。直接の経済的被害のほかに将来の健康に関する不安がある。ある女子高校生が東電幹部に詰め寄った。将来結婚しても子供を安心して産めるのか。

原発推進派が言い立てるあらゆる正当化に対して、飯舘村の苦境は原子力の意味を改めてわれわれに教えている。大地と身体という生活の基盤そのものを汚染する放射能に対して、人々は結束しても結局対抗できないのだろうか。

◉感情的反原発?（2011.11.3）

政府の「コスト等検証委員会」の原子力専門家がこう主張した。事故後も原発のコストは基本的に変わらない。除染費用はコストではない。事故の確率は国際基準の十万年に一回と考えるべきだ。反原発の世論は感情に流されている。

原発の利点も考慮すべきだとの趣旨だが、結局、経済学の費用・便益分析に帰着する。だがこれは、技術や事業の意味を金額に一次元化することの無理や、出てくる数字の操作可能性から厳しく批判されてきた考え方だ。端的にいえばコストや便益は定義次第なのだ。たとえば、ハーバードの法学教授が東欧のある政府の委託研究で次のように論じた。国民の喫煙習慣は国家財政にとって悪くない。なぜなら、喫煙を原因とする医療費高騰以上に平均寿命の短縮によって年金負担が軽減化するから。

　ドイツの脱原発を裏付けた「倫理委員会」報告書では、原発を認めつつ「残余リスク」縮小を技術面から追求する立場と、環境や将来世代への責任から原発を原則的に拒否する考え方がともに尊重されている。後者は感情的どころか確固とした思想的根拠に立つ。

　感情的というきめつけは格差論争や雇用の規制緩和論争では聞きなれた口吻だ。何でも正しく判断できると自負する傲慢な専門家の危うさこそ、福島から引き出すべき教訓ではないのか。

●原発の製造物責任（2011. 12. 1）

　福島の事故の直後に報道されたことだが、ＧＥのマークⅠ型原子炉には基本設計に問題があることが四十年程前から指摘されていた。格納容器と圧力抑制室が炉心溶融に弱いというのだ。だが、ＧＥの製造物責任は問題にされなかった。それは、原発事故の賠償責任は東電のような事業者だけが負い、原子炉メーカーは免責されるという「責任集中」の国際ルールが確立していたからだ。このルールは、一九五〇年代に米国が民間資本を原発産業に誘い込むために用意した飴（プライス・アンダーソン法）だったが、米国の力を背景に国際的にも採用されていった。日本の原賠法もこの考え方だ。

　日米仏のような先進国が開発途上国に原発を輸出する場合、責任集中を強制することは不平等条約に等しい。事故が起きた国の政府や住民が先進国のメーカーを訴える際に極めて不利になる。

多くの原発を計画しているインドは昨年、現地事業者が輸出元の原子炉メーカーに損害賠償を請求できるルールを公表した（ただし、賠償額の上限が設定される）。責任集中を部分的に緩和するもので国際的には異例だ。一九八四年の悲惨なボパール事故の教訓と思われる。原発輸出に邁進する民主党政権も、途上国の立場に立って「国際的公正」にもっと注意を払うべきではないか。

☞ボパール事故については、「公害と農業」の節の「ボパール後の世界」（2013. 1. 24）を参照。

◉不可逆的（2012. 5. 3）

内部被曝の危険性を訴えてきた肥田舜太郎医師や脱原発を説いてきた京大原子炉実験所の小出裕章氏は、放射能汚染は不可逆的だという。水や大気の自然循環に入ってしまった放射性物質は容易に取り除けないし、広大な山野や農地の除染は事実上不可能であり、避難地域へ帰還できないという。

他方、野田政権は原発のリスクやコストと便益を秤にかけて大飯原発再稼働の方針を決めたようだ。だが、これは二重に間違っている。四十年の歴史と福島の事故の後で、原発の是非を白紙の状態で決めようとしても無理だ。原因調査、責任追及、国民的合意の形成などの課題を後回しにできない。さらに、大地・水・身体の汚染が深刻で不可逆的であれば、どのような大きな金額でも失われたもの、失うものの重さを表せない。安心して農業ができない、食事ができない、子供を産み育てることができない場合、この「コスト」はどのように計算できるのか。

原発のない不便に耐えるのか、原発のもたらす利便をとるのかという問題の立て方は誤りだ。すでに汚染された大地と身体をなんとか維持して生き抜くか、あるいは短期利潤のために底なしの汚染リスクを甘受するかの選択と考えるべきだ。しかも、利害関係者は現在の世代だけではなく、まだ生まれぬ子孫を含んでいる。

◉上関《かみのせき》原発（2012. 8. 2）

山口県最南端、瀬戸内海にある上関町が原発を誘致したのは二十四年前のことだ。中国電力は広大な海面を埋め立て、原発二基を建設する計画を立てた。過疎に苦しむ地域が原発マネーで地域振興を狙うというのは他と同じ構図だ。違うのは、原発予定地から四キロ先の祝島の人々がこの間団結して反対運動を貫いてきたことだ。

沿岸漁業で生きる島の人々にとって原発は生活と文化の危機を意味する。埋め立てや原発の温排水や殺生物剤は海の生態系に壊滅的な打撃を与える。しかも、福島以降、原発の苛酷事故は現実の脅威だ。上関で事故がおきれば、瀬戸内海全域にわたって回復不可能な被害を漁業や観光業に与える。瀬戸内海は死の海になる。

祝島は、中国電力へ漁業権を売り渡した他の漁協、国策に協力するだけの山口県、電力会社や行政の言い分を追認するだけの司法といった四面楚歌のなかでなんとか埋め立て着工を阻止してきた。現在、工事が中断しているのは三・一一のためだ。

古代の息吹を伝える祝島の文化、海の入会である島の共同体、瀬戸内海の生態系。上関原発はこれらを一挙に破壊しかねない。もう愚行は止めるべきだ。

●失敗の本質（2012. 8. 9）

福島の事故の四つの報告書が出そろった。東電のものを除いて共通するのは、国家官僚・東電経営者・関連業界・御用学者からなる利権集団が、元来は宣伝用だった安全神話に自ら絡め取られていく倒錯の構造の指摘である。日本の組織や心性の病理がこれを生み出したのであり、国会事故調の委員長によれば福島の事故はこの意味でメイド・イン・ジャパンであるという。

三つの報告書に共通する次の点に注目したい。まず、原発事故は確率論ではとらえられないという点だ。確率計算のできるものだけを考慮し、それになじまないもの（外的事象、残余リスク）を無視して捨り出した確率がたとえ極小でも「事故は起こり、機械は故障し、人は誤る」。次に、原発事故の特異性だ。大地と身体を回復不可能なまでに汚染し、人々の生活を根こそぎ奪う。避難民は十四万人に達する。

だが、事故報告書の自己限定から、当然出てくるはずの結論が述べられていない。使用済み核燃料や多発する地震という難題を当面無視したとしても、事故の教訓を汲み取って原発技術を洗練・完成すべきだということにはならない。旧日本軍の失敗の本質が組織や戦略のさらに奥の戦前日本の社会システムにあるのと同じように、福島の事故の本質は核の技術を採用した戦後日本のシステムにある。

●原発労働（2012. 8. 16）

原発労働には非正規雇用の問題点が凝縮している。派遣切りが世間の耳目を集めるずっと以前に、原子力産業では許容される被曝線量の上限に達した労働者を「取り替え、切り捨てる」という市場原理が深く進行していた。

最近、福島第一で作業員の被曝隠しが報道されたが、約三十年前に原発労働の体験を綴った堀江邦夫氏のルポ以降、被曝の労災裁判などを通じて労働実態は次第に知られてきた。

原発は複数の技術系の組合せであり、点検や管理に、電力→元請の原子炉メーカー→計測・溶接・配管等の一次下請け→定期点検時に数千人の労働力を提供する二次以下の下請という仕組みができている。最下層は偽装請負と多重派遣に傾きがちな人夫出し会社などからなる。

垂直的統合が不可能な技術的理由があるわけだが、この多層下請は差別と中間搾取の構造にもなっている。内部被曝線量を作業員自身に知らせず、健康状態の追跡調査もしないという情報遮断と責任回避は、原発労働を原発管理の発注・受注の商取引に還元して正当化されてきた。労災は下請けの責任となり、被曝リスクは労働者の自己責任となる。

しかも圧倒的な交渉力格差の下で、けがをすれば労災申請どころか「電力様に謝りにいく」という所まで倒錯した下請や労働者の意識が生まれる。

☞堀江邦夫『原発ジプシー　被曝下請け労働者の記録』現代書館、一九七九年。

●脱原発・脱化石燃料（2012. 9. 6）

昨年五月、脱原発をドイツ国民の合意として打ち出した『倫理委員会報告』は日本でも注目されている。だがその前に、福島から一月も経たない内に『変わる世界、大転換のための社会契約』と題するドイツ政府科学諮問委員会（ＷＢＧＵ）報告が発表された。倫理委員会に影響を与えただけでなく、地球温暖化阻止のために極めてラディカルな提案をしている。

脱原発が、CO_2を大量に排出する化石燃料（石炭・石油）による発電への回帰を意味するなら、地球温暖化を促進してしまう。そこで、風力・太陽光・地熱・波力・バイオマス等による発電、つまり再生可能エネルギーへの転換が必須となるわけだが、グローバルな温暖化には同じくグローバルなエネ転換でなければ意味がない。このためには十八世紀の産業革命に匹敵する、エネルギーの生産・配分・消費の大転換と国際的な協力と分権の体制が必要だという。

日本の原発推進派は、圧倒的多数の国民の脱原発支持に狼狽して「脱原発をすれば温暖化ガス削減の国際公約を破ることになる」などという。あるいは、再生エネの固定価格買取制度の先輩であるドイツの電力価格高騰を指して、それみたことかという。かれらには産業転換の構想力も将来世代への責任感も文明史的視点もないのか。

☞ドイツ連邦政府『倫理委員会報告』については、前掲の「脱原発、ドイツ流」（2011. 4. 28）参照。

ドイツ政府科学諮問委員会『変わる世界、大転換のための社会契約』Wissenschaftlicher Beirat der Bundesregierung Globale Umweltveränderungen, *Hauptgutachten, Welt im Wandel, Gesellschaftsvertrag für eine Grosse Transformation*, 2011.

●システム破綻の刑事責任（2014. 3. 27）

法曹界で重職を歴任した古川元晴氏が、興味深い議論を提起された。国会事故調などが原発事故の責任の所在を明らかにしたのに、裁判では規制当局や東電の刑事責任を問えない。

現在の法解釈では、大震災は予見不可能だから対策を講じなくても過失には当たらない。だから刑事責任がないというわけだ。そこで氏は未知の危険でも、科学的に危惧されるものは刑事責任を問うべきだと主張する。確かに、経済産業省や東京電力の元幹部らの原発推進組の責任がウヤムヤになるのは正義に反する。

米国では、バブルと経済危機の張本人であるウォール街の大物が一人も投獄されないことに国民の苛立ちは深まる。司法省は昨年、オバマ政権の威信をかけ、詐欺的な証券化を指弾してJPモルガンから百三十億ドルという巨額和解金を引き出した。

年間利益の半分だが、幹部は刑事罰を免れた。司法省は訴訟で大銀行を潰してしまえば、影響が大き過ぎるとの判断だが、著名な地裁判事は、危機再発を防ぐためにも組織より経営トップを「情報の故意の無視」で刑事訴追すべきだと批判している。重大な情報や兆候を意図的に無視することは罪なのだ。

原発や金融は多様な力が交錯する複雑で巨大なシステムだが、そこに切り込んで破綻の責任を追及することこそ法曹の役割だ。

☞古川元晴氏の議論は刑法学の故藤木英雄氏の「危惧感説」に基づいている。藤木氏はすでに一九六〇年代末に、企業の過失責任を従来の「具体的予見可能性」を要件とする考え方から転換して、危険発生のメカニズムが十分に解明されていない「未知の危険」についても回避すべき責任があるものとした。

英国では二〇〇七年に「法人故殺法」が成立し、企業が起こした死亡事件について組織としての企業の刑事責任を問えることになった。米国の法学者ローファー氏は組織の刑事罰を問えない米国の制度を批判している。

William S. Laufer, *Corporate Body and Guilty Minds: The Failure of Corporate Criminal Liability*, Univ. of Chicago Press, 2006.

尚、原発や金融システムのような巨大で複雑なシステムに共通する問題点や企業のような組織の刑事罰に関しては、以下の論文の追記で詳しく論じた。

竹田茂夫「市場は幻惑する――経済危機と市場の本質」、金子勝他編著『社会はどう壊れていて、いかに取り戻すのか』同友館、二〇一四年。

●具体的危険性（2014. 5. 29）

先日、福井地裁は大飯原発再稼働の差し止めを命じた。判決は、地震動が苛酷事故を引き起こし、実際に住民の生命と生活を広範囲に脅かす可能性、つまり具体的危険性を根拠にしている。

福島原発事故以前の原発訴訟は、二つの地裁判決以外はすべて反原発の原告側の敗訴であり、この二つも上級審で覆された（海渡雄一『原発訴訟』岩波新書、二〇一一年）。

東電に限っても危険性の兆候はいくつもあったのに、なぜ多くの裁判官は認識できなかったのか。行政の安全審査への信頼や原発の危険性は抽象的なものにとどまるとのレトリックで、あえて見なかったというほかはない。だが、福島以降このような意図的な無視はもはや不可能だ。

水俣病訴訟の口頭伝承がある。第一次訴訟で重い腰を上げた熊本地裁の裁判長が胎児性患者を実地にみて衝撃を受け、明らかに裁判の指揮が変わったという。翌年には一週間の現地尋問で患者の窮状をつぶさに知るに至る（全国連『水俣病裁判』）。一九七三年の判決は画期的なものだった。水俣病の劇症患者や胎児性患者の惨状は見れば明らかであるし、発病の因果関係も早い段階から分かっていた。それでも、今なお最終解決に至っていない。

裁判所が目を見開いて具体的危険性をしっかり見るためには、もうひとつの福島や長期裁判が必要なのか。

☞全国連＝水俣病被害者弁護団全国連絡会議（編集）『水俣病裁判　人間の尊厳をかけて』かもがわ出版、一九九七年。

●最悪シナリオ（2014. 9. 4）

福島の事故の際に作られた不測事態シナリオなるものがある。最悪の場合、原発半径二百五十キロ圏内の住民避難を含む内容だ。東京も含まれる。日本中枢の政治・経済機能の停止となる。最近明らかにされた吉田調書（現場で指揮を執った故吉田昌朗元所長の証言）でも、事故四日目に東日本壊滅を覚悟した瞬間があったという。

過去の話ではない。最悪シナリオを想定しておくことが原発再稼働の必須の条件であるのに、原発立地の自治体では現実的な避難計画を立てられない。

たとえば、再稼働一番乗りの川内原発の半径三十キロ圏内に住む二十万人以上の住民をだれがどのように運ぶのか。バスや運転手をどう確保するのか。老人や病人や子どもたちをどう保護するのか。政権中枢や経済産業省は避難計画を地方に押し付け、原子力規制委員会は自分の任ではないという。鹿児島県知事は十キロ圏内で十分だとさえいう。だれも責任を取らずに再稼働に邁進するという、絵に描いたような日本的無責任体制だ。

別のシナリオも想定しておく必要がある。事故後に飛び交う意図的なデマや映像を放置できずに政府が情報統制をすれば、混乱と不信は逆に広がり収拾できなくなる可能性もある。関東大震災の際の朝鮮人虐殺のような事態は決して再び起こしてはならない。

◉高度の注意義務（2014．9．11）

リーマン・ショックと福島の原発事故は今後の大規模破局の先例だ。どちらも政府と大企業が絡む巨大システム（金融と原発）が利権の温床となり、危機に際して操作不能に陥って、負の外部性をまき散らした事例だが、責任追及とシステム改変はいばらの道だ。

最近の米国司法省には、大銀行の刑事訴追を避けて和解で巨額罰金をとる傾向が顕著にある。ＪＰモルガンに一兆三千億円、バンカメに一兆七千億円の和解金を突き付けたのは、大統領の盟友の司法省高官だという。

これは国民のウォール街批判の高まりと、刑事訴追→大銀行破綻→金融危機の懸念（つまり、「大き過ぎて投獄できない」）の間に挟まれた政権と当局の苦肉の策だが、批判も多い。和解では違法行為の詳細が公表されず、裁判がもつ社会的糾弾の役割も失われてしまうからだ。

日本はどうか。東京地検は震災の予見不可能性から東電幹部に過失はないとしたが、検察審査会で覆されつつある。

一九七〇年代の水俣病第一次訴訟で、すでに富樫貞夫氏が、大企業チッソは「高度の注意義務」を負うとの革新的法理で患者原告側の勝利に導いた。刑法の大御所であった藤木英雄氏も当時「危惧感説」で同じ趣旨の議論を展開していた。

次々に原発関連の裁判が起こされている。検察と裁判所の判断に国民の目が注がれている。

●ドイツの反原発運動（2016. 2. 11）

アベノミクスはようやくボロを見せ始めたが、現政権の原発再稼働と原発輸出の方針は揺るぎそうにもない。このままでは国内の原発増設にも踏み出しかねない。他方、ドイツのメルケル政権は福島事故の直後に国民の圧倒的支持の下、脱原発へ劇的な転換を図った。問題は「なぜドイツの反原発運動は最も強く持続性があったのか」に集約される。

J・ラートカウ他の『原子力と人間の歴史』はいくつかのヒントを提示している。初期には個別施設への反対運動だったものが、米国の反原発運動の影響や一九六八年世代の参加などによって反原発の広範な世論が形成されていった。象徴的なのは草の根保守も取り込んだ八〇年の「緑の党」結成や九〇年代末の社会民主党との連邦レベルの連立政権の成立であろう。地道な啓蒙活動や画期的な裁判や世間の耳目を集めた実力行使などを経て、反原発の世論が政治的意思へ結実したのだ。市民社会の厚さと政治変革の国民的体験がカギとなる。

苛酷事故のリスクに目をつぶり、情報操作の形でしか国民とかかわれない原発の利権集団は両国に共通する。ただ、著者によれば日本の原子力ムラには核武装のオプションを残しておきたいという暗黙の了解があるのに、ドイツの支配層にはその野心がない点が異なるという。

☞ヨアヒム・ラートカウ『原子力と人間の歴史　ドイツ原子力産業の興亡と自然エネルギー』築地書館、二〇一五年、『ドイツ反原発運動小史』みすず書房、二〇一二年。

◉日印原子力協定（2016. 3. 3）

昨年十二月、日印原子力協定の「原則合意」が発表された。安倍政権・経産省・財界の思惑は透けて見える。

すでに英米仏露や豪州などがインドと原子力協定を結んでいる。日本のインド進出も許されるはずだ。西側の主要原発メーカーは日本の御三家（日立、東芝、三菱重工）と提携しているか、その支配下にある。日本製鋼所は原子炉圧力容器で約八〇％の世界シェアを占める。五十基以上の原発新設を計画中のインドで儲けない手はないというわけだ。

だが、最終合意に至らないのには重大な理由がある。インドの原発管理は問題山積だ。三・一一以前の日本のように、原発規制当局は官僚機構に従属し、ウラン鉱山周辺の住民の健康被害や胎児性患者は無視され、反原発運動は容赦なく弾圧される。水俣、ボパール（一九八四年の大規模産業災害）、福島と同じ構造がここにもある。巨大企業と強権政治が辺境の住民に耐えがたい環境汚染を押し付けるのだ。汚職の蔓延、民族・カースト間の軋轢を多く抱える政治風土も懸念材料だ。

さらに、インドは対中国戦略で水爆を開発中と見られている。原発や核燃料は輸入に頼り、国産ウランは核武装に充てるという方針で、広大な軍事研究施設を極秘裏に建設中だ。われわれはインドの核武装強化に手を貸すことになるのか。

●米国版原子力ムラ（2016.3.10）

国会事故調によれば、福島事故の背景に日本的組織（保身と組織防衛）にねざした安全神話や規制当局が東電等に取り込まれる「規制の虜」があるという。だが、米国の批判的科学者らによる『実録FUKUSHIMA』は別の視点を提供している。

米国の原発業界は、炉心溶融のスリーマイル島原発事故（一九七九年）後の規制強化の気運に業界主導の安全策で対抗した。苛酷事故のリスクは高くないとして、米国原子力規制委員会（NRC）の介入を拒んだのだ。

レーガン政権で「コストが便益を越える規制は撤廃する」という方針が原発にも適用されると、NRC自身も苛酷事故の確率を極小と見なして対策をさぼるようになる。だが、地震や津波が複数の防護体制を破る「共通要因故障」やテロなどの外的要因は工学的な確率計算の埒外で、計算に必要な人命の金銭的価値も疑わしい。規制当局も業界も、科学的手法を装った費用便益計算や確率論的リスク評価を世論操作の手段として使い始めたわけだ。

八〇年代終わりにNRCのスタッフが全電源喪失に脆弱なマークI型原子炉（福島第一と同型）の改善策を提案しても、業界の自主規制に落ち着いてしまったという。このように、日米の原発業界の短期的利益に沿う形で、福島事故を生じさせた規制の空白と業界の自己欺瞞が生まれたのだ。

☞デイビッド・ロックバウム他『実録FUKUSHIMA』、岩波書店、二〇一五年。

◉経験則と社会通念（2016. 4. 21）

今回の熊本地震で震撼させられた者のなかに、川内原発の再稼働を許した原子力規制委員会や地裁や高裁の判事がいるはずだ。断層に沿って大地震が連動することは地震学の経験則（統計的規則性）に反するもので、単発型地震動だけに対応するかに見える現行の耐震基準を再考せざるをえないからだ。さらに、川内・玄海・伊方の三原発の近くで想定外の事態が発生したことは、再稼働許可の論理基盤を掘り崩す。

自然現象や社会現象には、生起確率を想定できる「リスク」やできない「不確実性」の場合だけでなく、現象そのものを事前に予想できなかった「無知」（イグノランス）の場合がある。大地震の連動とはまさに無知の事態なのだ。

川内原発稼働の差止申立を却下した地裁と高裁の決定を読むと、苛酷事故の原理的な予測不可能性と原発再稼働への圧力に引き裂かれていることが分かる。この懸隔を埋めるのが再稼働を許す「社会通念」というわけだ。経済学では国民のリスク態度に相当するが、裁判所はどう調べたのだろうか。想像の産物、恣意的に操作可能な概念で、決定はそれ自体怪しい「費用・便益分析」の水準にも達していない。

仮に三・一一以前に福島原発に差止申立が行われたと仮定しよう。今回と全く同じ論理で裁判所は却下したに違いない。

☞二〇一六年四月十四日の震度七の地震が起きてから、震度六以上の地震が連続して起きた。四月十六日には再び震度七の地震が発生した。四月二十二日の気象庁会見では、引き続く余震に関して「収束の見通しが立たない」とし、「これ程、広域にわたって内陸で同時に地震活動が活発になるというのは、過去に例がない」との判断を示した。

●深い崩壊感覚（2016. 4. 28）

三・一一から五年、チェルノブイリの事故から三十年。現在流布しているのは「原発はアンダーコントロール」の見え透いた嘘だけではない。米国のリベラルな知性を代表する一流紙も、地球温暖化という公共悪にCO_2を出さない原発で対処すべきだと主張する。だが、原発もリスクやコストとして冷静な計算へ組み込むべきだという主張は、使用済み核燃料の処理という難問に答えを出せず、次世代にも及ぶ長期健康被害の調査にも無関心であることで自分自身を切り崩す。

原発事故の影響を過少評価する「国際原子力機関」などは科学的客観性を装うが、実は利害関係者でしかない。「核戦争防止国際医師会議ドイツ支部」のチェルノブイリ報告書は公式発表の犠牲者の数への留保と批判の根拠を提供する。

核によって何かが根本的に変わったという感覚はわれわれの時代のものだ。既存の秩序も無傷ではいられない。チェルノブイリがソ連崩壊の一因になったというだけではない。科学者や統治者の意のままに自然の制御や人間の支配が可能だという確信が失われたのだ。

アレクシエービッチ『チェルノブイリの祈り』は、人々の体験と思いの記録を通して核の時代に自然との宥和や平穏な日常性そのものが失われたことを示唆する。深い崩壊感覚のため未来の希望はまだ見えてこない。

☞「国際原子力機関」IAEAは、その正史に相当する文書が認めるように、アイゼンハワー大統領による国連演説（一九五三年）をきっかけにして、原子力の平和利用を目的に発足したものである（一九五六年）。これに対して、「核戦争防止国際医師会議」IPPNWは、一九五〇年代から六〇年代の米ソ核実験による放射能汚染を懸念した医師らによって設立された。IPPNWのドイツ支部は、チェルノブイリ原発事故に関するIAEAの報告を「犠牲者の数について首尾一貫せず、全体として事故の影響を過少評価している」と批判する。ベラルーシの文学者のスベトラーナ・アレクシエービッチ『チェルノブイリの祈り　未来の物語』（岩波書店、一九九八年）は、人々の体験に直接耳を傾けることによって、原発事故の意味を探ろうとする。欧州文明の基礎にある自然支配が、結局は自然からの逆襲によって挫折したことを意味するのか。

David Fischer, *History of the IAEA: The First Forty Years*, 1997; Chernobyl Forum Expert Group 'Environment', *Environmental Consequences of the Chernobyl Accident and Their Remediation*, 2006; Deutsche Sektion der IPPNW / Gesellschaft für Strahlenschutz, *Gesundheitliche Folgen von Tschernobyl, 20 Jahre nach der*

Reaktorkatastrophe, 2006; German Affiliate of IPPNW / Gesellschaft für Strahlenschutz, *Health Effects of Chernobyl: 25 Years After the Reactor Catastrophe*, 2011.

◉ふるさと喪失慰謝料（2015. 3. 19）

福島原発事故の刑事責任追及に予見可能性の法理（震災は予見不可能だから責任は問えない）が障害になっているが、他方、国と東電の民事責任を問う集団訴訟が頻発している。全国で七千人に迫る数の避難者らが提訴し、深刻な被害の飯館村では全村民の半数（約二千八百人）が裁判外紛争解決手続きの申し立てを行った。共通するのはふるさと喪失慰謝料や恒久的な被害回復措置の請求だ。

原発事故は個人の財産や営業を侵害するだけではない。固有の歴史・文化・自然環境をもった地域の暮らしや人々の生きがいまでも根こそぎにする。ふるさと喪失慰謝料とは、貨幣で測れない共同体の価値が回復不可能なほど毀損されたことへの怒りと責任追及を表現するものだ。いかに大きなものを失ったか、原告はその社会的承認を求めている。

さらに重要なのは被害と苦難の共有感覚だ。損害賠償は通常、個々の被害の程度や逸失利益などを勘案する。いわば被害と賠償金の交換だ。だが、このような疑似市場原理は被害者集団を分断して利害対立を持ち込む上に、個人に分解不可能な共同体の価値を考慮できない。

一九七〇年代の水俣病第一次訴訟が教訓となる。患者集団が共有する悲惨と尊厳回復の願いをほぼ一律の補償要求に整理して、画期的な勝訴を勝ち取ったのだ。

◉反原発労働運動（2017. 5. 4）

民進党の二〇三〇年原発ゼロの方針に連合や電力総連が撤回を迫っている。「職か環境か」のジレンマを抱える労働運動は雇用や成長といった目先の論理に屈服しがちだが、例外もある。水俣病加担を反省したチッソ第一組合の悲痛な「恥宣言」（一九六八年）や、敗戦後の電気産業労組を継承した中国地方本部が、地元漁協と連携して山口県豊北原発を阻止した例（一九七八年）などだ（『電産中国の闘い』絶版）。

米国では一九六〇年代から「石油・化学・原子力労組」を率いたT・マゾキ氏が、汚い産業の転換から生じる失業者を国の手厚い支援で救済すべきだという「公正な移行」論を主張して、労働と環境の二つの運動を結びつける役割を果たした（『T・マゾキの生涯と時代』未訳）。反核・反原発を貫いた同氏は、シルクウッド事件関連で自らも危ない目に遭ったという。

労組は原発や環境をどう考えるべきか。鍵は社会運動や市民運動との協力にあるはずだ。P・ハンプトン『気候連帯のための労働者と労組』（未訳）は、エネルギー産業の公共性と開かれた労組を主張する。まさに東電が必要とするものだ。

F1（福島第一原発）で日々働く数千人の未熟練・未組織労働者は被曝や孤立や無権利に苦しむ。巨大な問題が眼前にあるのに、政権は無視し既成労組は沈黙する。

☞ Les Leopold, *The Man Who Hated Work and Loved Labor: The Life and Times of Tony Mazzocchi*, 2007, Chelsea Green Publishing.
Paul Hampton, *Workers and Trade Unions for Climate Solidarity*, 2015, Routledge

◉経産省構想（2017. 5. 18）

先週、東電に巨額の追加的費用を負担させる法改正が行われた。賠償と廃炉費だけで、東電は今後三〇年にわたり毎年約五千億円の捻出を義務づけられる。ほぼ同時に発表された東電再建計画では、その原資を消費者負担や経営合理化や東電株式の売却益に求めるという。振付はもちろん経産省で、同省東電委員会の改革派の川村隆氏（前日立製作所会長）を新会長に充て、東電守旧派を一掃しようというわけだ。

だが、この経産省構想は三つの虚構に基づいている。F１（福島第一原発）のデブリさえ不明な現状で約二十二兆円という賠償・廃炉費用は根拠薄弱で、五〇兆円以上との試算もある。柏崎刈羽原発の再稼働で収支を改善できるという想定も疑わしい。政権の原発再稼働・輸出路線に内外の障害が頻発しているように（全国の原発裁判、世界的な原発退潮、東芝凋落、ベトナムの変心等々）、また昨年の新潟県知事選でも分かるように、反原発は無視できない政治的底流なのだ。第三に、優れた経営手腕や他企業との連携や共同事業で、地域独占で慢心した企業体質を改革できるというのも神話だ。福島の事故ははるかに深刻な国家の失敗とでもいうべきものだ。

大人気無い嘘を連発するトランプ氏よりも、責任回避のために見え透いた虚構の上に数字を並べて見せる経産官僚の方がよほど罪は深い。

◉核と政治的正統性（2017. 7. 27）

今年五月、米国北西部のハンフォード核処理施設でトンネル崩壊事故があり、放射能漏れを恐れた現場の三千人が一時退避した。大戦中の原爆製造計画で設けられたこの施設は、冷戦期に九基の原子炉と五基の処理施設で核爆弾用のプルトニウムを生産した。長崎の原爆の原料もここで作られた。八〇年代終わりの操業停止後には、米国で最も汚い跡地と呼ばれ、残滓処理工場や二億リットルにのぼる地下タンク内の汚染物質や膨大な汚染地下水をめぐって、技術的・政治的論争や政府を巻き込む訴訟を引き起こしてきた。

四十年間の核物質生産が労働者や近隣住民に及ぼした健康被害が問題化したのは、旧ソ連のチェルノブイリ原発事故がきっかけだった。米国でも軍事機密のベールに隠れて、多くの核施設で杜撰で非人道的な政策が行われてきたのだ。

K・ブラウン『プルートピア』（講談社、二〇一六年）は、米国と旧ソ連が合わせ鏡のように、核の生産・廃棄や労働者管理で互いに模倣したことを描いている。米国政府から生産を請け負った大企業が共産党支配のように秘密都市の住民を統制したり、旧ソ連が労働者の士気を鼓舞するために個人消費万能主義を推進するといった具合だ。

原発事故や核兵器がもたらした環境汚染は米国と旧ソ連の政治的正統性を揺るがせた。日本はどうか。

☞報道によれば三千人の労働者が一時退避を命じられた。
CNN, "No radiation reports after tunnel collapse at Hanford nuclear site," May 10, 2017.

公害と農業

◉水俣病特措法（2012. 7. 12）

二〇〇九年に自公政権の下で、民主党の賛成を得て成立した水俣病救済特措法には二つの狙いがある。ひとつは、水俣病関西訴訟の最高裁判決（二〇〇四年）が国と熊本県の不作為を指弾し、被害者を排除してきた昭和五十二年判断条件を批判したことに対して、新たな政治決着を準備して、国・県・チッソの責任と賠償額を極力抑え込もうとすることにある。そのために救済の対象となる地域と期限を不合理なまでに限定して、新たな救済対象者を絞りこんだ。住民約五十万人の不知火海沿岸全域で潜在的被害者が多数いるにもかかわらず、救済対象地域はその一部に過ぎない。しかも、特措法申請期限は今月末日に迫っている。法律の名称に反して、一部の被害者は救済されず排除されるのはほぼ確実だ。

特措法のふたつめの狙いはチッソの分社化だ。チッソ本体は全事業を子会社ＪＮＣに譲渡し、その全株式を所有して補償と公的債務返済に特化する。三年をめどに子会社を上場して、株式売却益で補償を完済して本体は解散する。昨年四月に生まれたＪＮＣは水俣病とは完全に無関係な会社となり、過去のしがらみから自由になって液晶事業などに羽ばたけるというわけだ。

　これが本当に水俣病の「最終解決」なのか。これが水俣病公式確認から半世紀以上の被害者の苦しみへの責任の取り方なのか。

◉大規模農業のコスト（2012. 7. 26）

　昨年、米国の二、三の農業州でＣＡＦＯ（大規模畜産経営・集中飼養）の秘密撮影を禁止する法案が州議会に上程された。その実態が凄まじいからだ。千頭以上の牛や豚などが身動きのとれない程狭い所に押し込められ、牛は自ら草を食む代わりに穀物が与えられ、糞尿はその場で垂れ流しだ。病気の予防や成長促進のために、日頃から大量の抗生物質が飼料や水に投与される。十五年程前までは動物の死骸が牛の高蛋白飼料として日常的に使われていた。

　トウモロコシや大豆などの単一作物栽培からＣＡＦＯを経て、巨大企業が寡占支配する食肉処理業や食品業へ至る米国のサプライ・チェーンは大きな壁にぶつかっている。まず、生産・加工・流通で石油・天然ガスをがぶ飲みする。温暖化ガスの発生源ともなり、地下水汚染のような環境負荷もある。さらにその農産物を食べる人間の健康への影響も深刻だ。ＭＲＳＡ（抗生物質に耐性を持つ菌）などの問題でようやく米国の食品薬品局は重い腰を上げつつある。つまり、このシステムは持続可能ではないのだ。

　他方、安い食料は格差社会では必要不可欠だ。米国はアグリビジネスへ膨大な補助金を与えているが、その本当の役割はここにある。日本の政財界が消費税増税とセットでＴＰＰを推進するのも、安価な輸入食料を必要とするからではないか。

●遺伝子組換え技術の罠（2012. 11. 22）

今月はじめ、カリフォルニア州で重要な住民投票があった。米国では遺伝子組換え（GM）食品の表示義務がない。そこで同州から全米に表示義務を広げようと、市民団体などが州内の住民投票を提起した。この運動は米国の食文化の基本、効率追求の農業生産の反省にもつながる問題提起と解釈すべきだ。

だが、モンサントやデュポン等のGMを収益の柱にしているアグリビジネスや食品メーカーは、資金力にものを言わせて表示義務反対の大々的な宣伝活動を繰り広げた。消費者の知る権利や選ぶ権利より利潤が重要だというわけだ。結果は提案側の敗北であった。

GM技術は開発途上国でも問題を起している。インドではモンサントが販売する除草剤と、GMで耐性をもたせた綿花の種子の組合せで、同社は巨額利益をあげている。多量の除草剤は雑草の耐性を高め、除草剤投下量は増えていく。コスト負担に苦しむ農民たちの自殺が相次いでいる。

米国のアグリビジネスは自ら墓穴をほっている。欺瞞に満ちたテレビ宣伝、農民への訴訟、データ捏造、科学者の抱き込み、規制当局との癒着（官民間の回転ドア）など、この業界は深刻な構造的・倫理的問題を抱えている。TPPで日本に呼び込むことになるのはこのような業界なのだ。

●ボパール後の世界（2013. 1. 24）

インドのボパール工場事故（一九八四年）は史上最悪の産業災害で、グローバル化の暗い裏面を象徴する。殺虫剤工場からの有毒ガスで二週間だけで八千人の死者という推計がある。被害者は五十万人に上る。外資導入への悪影響を恐れたインド政府は、補償交渉を独占し、わずかな補償金で米国の巨大化学会社と和解してしまう。

十年程前に上梓された文化人類学者フォーチュン氏の『ボパール後の支援』（未訳）は、政府・司法・科学が一体となって原因企業を免責し、被害者を切り捨てる構図を描写する。水俣病に似ていることに驚かされる。

同書に「深い失敗」と「持続する責任」ということばがある。「深い失敗」とは、事故は自然現象や偶然の所産ではなく、社会的・構造的要因があることを意味する。原発事故で日本人は十分に学んだのだろうか。水俣病の特措法では補償金を支払った後、チッソは消滅することになっているが、命をカネで贖うことは本来不可能だ。「持続する責任」とは事故責任を清算させやしないという決意でもある。「深い失敗」をたまたま起きた一過性の事故として片づけ、被害を限定して補償額を抑えるという方法はもはやとれない。水俣病潜在患者や内部被曝は、失敗の原因は構造的で、被害は長期持続し、被害者も限定困難なことを示唆する。

☞『ボパール後の支援』
Kim Fortun, *Advocacy After Bhopal: Environmentalism, Disaster, and New Global Orders*, Univ. of Chicago Press, 2001.

◉排出権取引（2013. 2. 21）

二〇〇五年から始まった欧州排出権取引は制度存続の崖っぷちに近づいている。われわれにも大切な教訓だ。

排出権取引とは温暖化ガス削減のために市場原理を使おうという試みで、熱い期待とともに始まった。ガス排出量の上限を事業所ごとに権利として与え、実際の排出量が上限に達しなければ余った分を売り、上回れば不足分を市場で買うというものだ。こうすれば、経済全体で効率的に温暖化ガスを減らせるという。

理屈としてはスマートに見えるし、経済学では一九六〇年代から知られていた。米国では一九九〇年代から酸性雨対策でＳＯ$_2$やＮＯ$_x$の排出権取引が行われて、それなりの成果を得た。

だが、人工的な権利市場をゼロから創設するとなると理屈通りにはいかない。欧州ではビジネスの機嫌をとるために、無料の初期排出権が過大にばらまかれた。排出量の測定と報告は正直に行われるか、当局の監視は十分かなど多くの問題が指摘された。

さらに、途上国は植林でＣＯ$_2$を吸収する森林を育てれば、その分だけ欧州市場で排出権を売却できる制度になっている。欧州の企業としては、自社でガスを減らすより市場で買った方が安上がりとなり、技術革新も行われない。途上国ではこのために無理な植林が横行し、農民が土地から追い払われる事態となっている。

●予防原則（2013. 3. 7）

今年一月、欧州環境庁は浩瀚な報告書を出し、多くの例を挙げて予防原則の有効性を擁護した。

我々の身の回りには化学物質や遺伝子組換え作物や低線量内部被曝のように、厳密科学でその有害性を直ちには立証できないが、将来深刻な健康被害や環境汚染をもたらしかねないものが多くある。だが、アスベスト被害や水俣病の経緯からわかるように、科学的立証が完璧でないからといって手を拱いていると手遅れになる。予防原則は安全性の挙証責任を事業者に負わせ、危険物や危ない事業を未然に防止することを意味する。

日本人の心配の種である内部被曝をとってみても、何年後にどのような健康被害（癌とは限らない）を引き起こすか、具体的な因果関係は不明だ。チェルノブイリでも、欧州の原発周辺の子供の白血病でも、疫学的研究は互いに矛盾し論争が続いている。予防原則はこのような状況で役に立つのだ。

予防原則には批判がある。技術革新が損なわれるとか、予防で別のリスクが生まれるといった批判だ。米国の著名な法学者は予防原則の替りに費用・便益分析を推奨する。不確実性や複雑性をすべて貨幣価値に還元し、予防すべきか否かを便益マイナス費用の多寡で判断しようというわけだ。原発一つとって見ても、到底これが可能だとは思われない。

☞ European Environmental Agency, *Late lessons from early warnings: science, precaution, innovation*, 2013; Cass R. Sunstein, "The Paralyzing Principle," *Regulation*, winter 2002-2003.

●農業と市場原理（2013. 7. 11）

三年程前、民主党幹部の発言が顰蹙を買ったことがあった。国内総生産（ＧＤＰ）の一・五％しか貢献していない農業が、頑迷に自由貿易を拒否して他産業を犠牲にしているというのだ。英国の老舗週刊誌も同じ口吻で、農家を不当に優遇する欧州連合の農業政策を批判する。

無論、市場で取引されないものはＧＤＰに算入されない。環境・生態系・景観の維持、文化継承、地域社会形成などの農業や農村の多面的機能や食料安保などのプラスの外部性は市場とＧＤＰの埒外だ。反対に、自然を（大地や水や動物や果ては遺伝子まで）収奪しても、マイナスの外部性の対価を支払わずに、見かけの上で効率を達成するのが市場型農業で、米国農業はその究極の姿だ。見渡す限りのコーン畑（単一栽培）やひしめき合って人工飼料を食む無数の牛の群れ（集中飼養）が原風景となる。広大な土地に点在する孤立農家が粗放的農業を行い、巨大アグリビジネスが元締めとなる米国農業には、日本や欧州の農村が守ろうとするコミュニティ・持続可能性・生物多様性等は無縁の価値だ。

さらに、農業には市場が考慮しない正負の効果を超えた意味合いがある。農業は、自然と人間の関係という根源的な問いを市場原理の席巻する現代に提起していると考えるべきだ。

☞前原発言に関しては、第三章「新自由主義」の「ネオリベラル・ターン？」（2011. 2. 3）のコラムの解説を参照。「老舗週刊誌」の記事は

“Milking the budget: even in times austerity, Europe spends too much subsidizing rich farmers,” the Economist, Nov. 24, 2012.

◉緩慢な暴力（2014. 11. 27）

半世紀前に出版されたレイチェル・カーソン著『沈黙の春』は環境保護運動の出発点になった作品だ。合成殺虫剤の大量使用による、一九五〇年代の米国の生態学的荒廃に切り込み、食物連鎖や生物

濃縮の具体例で訴えかけるスタイルは多くの人の心をとらえて、殺虫剤ＤＤＴの禁止政策に結実した（最近のＤＤＴ再評価は途上国のマラリア対策のための窮余の手段、悲劇的選択として理解すべきものだ）。

日本では福島原発事故を契機に、化学物質や低線量内部被曝等の許容値を決め、それ以下は甘受すべきリスクとする見方が主張されているが、盲点が二つある。一つは水俣病や原発立地からわかるように、環境汚染の被害や危険が特定の集団や地域に偏る傾向だ。

Ｒ・ニクソンの近著『緩慢な暴力と貧者の環境主義』（未訳）は、ボパールの産業災害やニジェール・デルタの石油採掘、米軍の劣化ウラン弾の例を引いて、環境汚染が後々まで世界の周辺の人々を苦しめていることを指摘する。

リスク論の第二の盲点。リスクには確率を定義できる場合とそうでない場合（不確実性）があり、事態そのものが不可知の場合もある。『沈黙の春』は自然への崇敬の念に基づき、不確実性と不可知性を逆手にとって、現代ならば「予防原則」と呼ぶべき立場から、傲慢な自然支配の危うさを告発したのだ。

☞ Rachel Carson, *The Silent Spring*, originally published in 1962; レイチェル・カーソン『沈黙の春』（新潮文庫、一九七四年）; Rob Nixon, *Slow Violence and the Environmentalism of the Poor*, Harvard Univ. Press, 2011.

◉グローバル企業と環境汚染（2015. 8. 20）

アフリカのニジェール・デルタでは二十年前まで石油採掘が行われたが、長年の原油漏出による環境破壊がいまだに住民の健康や生活に深刻な被害を与えている。国家に刃向う抵抗運動は容赦なく抑圧された。国連環境計画が調査報告書を出し、シェル石油が責任を認めたが、復興策は確定していない。企業の犯罪（人権侵害、生命や環境の軽視）、市場の失敗（無償で有害物質を垂れ流す）、政府の失敗（企業と癒着し調査と対策をさぼる）が重なり合う。日本人には水俣病でおなじみの構図だ。

原油やレアメタル等の資源獲得競争で同じ構造の紛争が世界各地に広がっている。アフリカや中南米の政府が、グローバル企業に環境破壊と人権無視の採掘権や開発権を与えて住民と対立する。この五月にペルーで、銅鉱山の開発を狙う政権側と住民側の対立が暴力的事態にまで発展した。広大なアマゾン流域に四百ものダムを建設する計画が実現すれば、世界的にも貴重な生態系が壊滅するとの調査もある。

カナダなどを本拠とする鉱山会社は特に要注意だ。例の「投資家国家紛争解決条項」で現地政府を威嚇したり、賠償金をせしめたりできるのだ。この条項の発動を恐れたグアテマラ政府は、飲料水を汚染する金鉱山開発を渋々許可したという。

☞採油や鉱山採掘の環境汚染や人権侵害に関しては多くの報道と報告書がある。一部を掲げる。

John Vidal, "Shell accepts liability for two oil spills in Nigeria," the Guardian, Aug. 3, 2011; British Parliament, House of Commons, Business, Innovation and Skills Committee, *The Extractive Industries, Sixth Report of Session 2014-2015*, Oct. 21, 2014; Working Group on Mining and Human Rights in Latin America, Inter-American Commission on Human Rights, *The Impacts of Canadian Mining in Latin America and Canada's*

Responsibility, 2014; "Shell to Pay Out $83 Million to Settle Nigeria Oil Spill Claims," Reuters, Jan. 6, 2015; International Consortium of Investigative Journalists, "Project: Fatal Extraction," Jul. 10, 2015;

●水俣病と社会の基底（2015. 11. 19）

先頃、岡本達明氏の『水俣病の民衆史』全六巻（日本評論社）が完結した。三千六百頁を越える大作で、今年八十歳の氏の若い頃からの志、つまり「日本社会の基底を掘り下げる」という生涯の目標を、水俣の民衆と水俣病に即して達成されたことになる。氏は一九六〇年代にチッソ水俣工場の大争議を第一組合の立場で闘い、一九六八年の「市民会議」結成と翌年の水俣病第一次提訴に中心的な役割を果たした。七〇年代には第一組合の委員長として、患者支援の市民運動とチッソ内部の労働運動を結びつける立場にあった。当事者でもあり観察者でもある氏の記述は、専門の研究者にとっても貴重な資料となるはずだ。

二点が特に印象に残る。ひとつは、聞書きの手法で土地の記憶と一人ひとりの生活史のディテールにこだわる姿勢だ。労働争議では多くの農民が結束して第一組合を支援する一方、初期には彼らは多くの患者を出した漁民を差別した。差別と格差の旧来の地域共同体の上に、チッソは企業城下町を作ったわけだ。

もう一つは、患者らが尊厳の回復を求めて、チッソや黒幕の興銀から必死で闘いとった補償金が、地域共同体を解体させるプロセスの悲しさだ。命と引き換えのカネが患者らや支援者の連帯を引き裂く。水俣病闘争は高度成長によって日本社会が一変する時期と重なる。

●労災から公害へ（2017.2.16）

石綿は微細な繊維状の鉱物で、安価なうえに耐熱性・加工性に優れる。欧米では一九七〇年代まで産業全般や建築に広く使われた。他方、二十年後から四十年後に肺ガンや中皮腫（胸膜等の腫瘍）を引き起こす厄介な代物でもある。米国では関連訴訟は累計で二百万件を越え、賠償総額は三兆円を軽く越える。製造最大手のマンビル社は一九八〇年代初めに巨額賠償で破綻し再編に追い込まれた。

日本では二〇〇五年に機械大手クボタが、工場周辺で石綿が原因で死亡した住民がいると公表し、不安が全国に広がった。翌年には大阪泉南地区の零細石綿工場の元従業員らが、献身的な弁護士らの支援で訴訟を起したが、八年越しの裁判で最高裁は規制をさぼった国の責任を認めた。

長尾俊彦氏の『国家と石綿』（現代書館、二〇一六年）が示すように、戦前は軍需産業を、戦後は高度成長の国策を最底辺の製造現場で支えたのに、国から無視された人々の無念の思いが少しは晴らされたわけだ。

だが、建設労働者や周辺住民の被害の責任は係争中だ。さらに、全国で建替えや大規模災害で飛散する石綿は人を選ばず襲いかかるはずだ。環境に遍在する公害物質と認識を改める必要があるが、対策は地方任せで石綿救済法の認定基準は厳しいままだ。水俣病の賠償問題を長引かせた「昭和五十二年判断条件」の二の舞になる恐れがある。

●公害の政治学（2017. 5. 25）

公害反対運動を率いた宇井純氏が亡くなって十年以上がたつ。氏の初作品『公害の政治学』（三省堂新書、一九六八年）は、水俣や阿賀野川流域での聞き込みや、産官学による公害隠蔽と被害者抑圧の政治力学の体験などから得た知見を新書に圧縮したもので、三十歳代半ばの作品としては異例の完成度と衝撃力で今なお読者に迫る。

大企業主導の成長や知と権力の癒着がどう構造的暴力を弱者に振るったか、宇井氏は次々に暴き出す。原発事故で露呈したのは、この基本構造が何一つ変わらなかったという陰鬱な現実だ。

通産省（経産省の前身）の有名な逸話の一つ。一九五九年末、通産相の池田勇人が厚生相を閣議で怒鳴りつけて、水俣病の原因をチッソ工場廃液の有機水銀とした研究会を解散させたという。一年後に池田は首相として所得倍増計画を閣議決定する。高度成長と公害隠しは表裏一体だったのだ。

比較するのは残酷だが、経産省の若手による『不安な個人、立ちすくむ国家』なる文書がある。子どもの貧困やシルバー民主主義等の常套句を国家の問題として掲げ、個人の決断や自己責任といった陳腐な処方箋を並べる。老人の死に方まで指南する。エリートにしか与えられない選択の自由を官僚が説教するという滑稽さ。原発事故の国家責任を素通りするという無残。

V 歴史と経験

記憶と記録

●歴史と経験（2011. 2. 17）

中国が日本を追い越して世界第二位の経済大国になったというが、まるで国力オリンピックであるかのような論調には違和感がある。

日本の高度成長ははるか昔の物語になった。いろいろ議論されるが肝心な点が欠けている。高度成長を下支したのは大正の初めから昭和の初めに生まれた人々、つまり団塊の親の世代だ。かれらの話には必ず戦中戦後のつらい経験が出てきた。物質的な窮乏だけではない。親族の中には必ず戦死者がいた。男なら兵士として被害者でもあり加害者でもあった。国家や戦争に関する熱狂が何をもたらしたのか、骨身にしみて分かったのだ。

金も財産もない人々のこのようなマイナスの経験が、守るべきものは自分と家族の生活だけだという内向きの保守主義を生み出し、経済成長に関する暗黙の国民的合意を支えたのであろう。

中国では、改革開放への決断が成長の枠組みを提供したことは確かだが、一九五八年の「大躍進」

運動から一九七八年の改革開放までの二〇年間、普通の人々はどのような思いで暮らしてきたのだろうか。その間、大躍進の失敗で一説には三千六百万もの人々が餓死し、文化大革命は暴力と破壊しかもたらさなかった。

理想や政治をめぐる巨大なマイナスの経験、その集団的記憶が今日の巨大な経済成長を底辺で支えているように思われてならない。

●歴史の記憶装置（2013. 11. 21）

一九九四年、ニューヨーク・タイムズが驚愕の事実を報道した。一九五〇－六〇年代に米国の中央情報局（ＣＩＡ）が極秘裏に自民党に金銭的支援を行っていたというのだ。記事を書いたワイナー記者は後に著書『ＣＩＡ秘録』（文藝春秋、二〇〇八年）でも、米政権が岸信介に政治的・金銭的支援を与えた経緯を説明している。同書は公開された外交文書と関係者のインタビューに基づいたもので、信憑性は高い。二〇〇六年に米国務省が秘密資金援助の事実を認めたのに、自民党は否認したままだ。

なぜ日本は第二次大戦に踏み込んだか、植民地支配と侵略戦争の実態はどうであったか、東西冷戦の渦中で国民はどう統治されたか、原発はどう普及していったか等々の問題について、日本人は歴史的検証が苦手の国民だ。沖縄密約でも外務省は膨大な文書を焼却処分したという。今でも政治家と官僚は知らぬ存ぜぬを決め込んでいる。

戦後西ドイツでは忌わしいナチ時代の記憶を封印した「鉛の時代」を経て、一九六八年の若い世代の異議申し立てをきっかけにして、過去の克服を目指す歴史教育が行われるようになった（岡裕人『忘却に抵抗するドイツ』大月書店、二〇一二年)。

日本人も外国からの情報に頼らずに、自前のしっかりした国民的記憶装置をもつべきではないか。過去を封印したままでどのように日本に誇りを持てというのか。

◉歴史の天使(2013. 12. 19)

経産省の調査会の一つが「エネルギー基本計画に対する意見」と題する原発推進案を公表した。原子力を「基盤となるベース電源」と位置づけ、技術的・経済的な袋小路であることが明らかなはずの核燃料サイクルを今後も推進し、使用済み核燃料の最終処分場の選定に(おそらくは強権をもって)国が乗り出していくというものだ。現政権はこれを基本政策にするだけでなく、事故の解明にも程遠く国民の多くが反対するなかで「苛酷事故の経験で高められた安全性」などという詭弁で原発輸出を進めている。この調査会そのものが茶番だ。十四人の委員のうち反対派は二人だけで、広範な意見を汲み取ろうという気は経産省にはさらさらない。天下り式に原発を国民に押し付けるもので、政治的正統性はゼロなのだ。

原子力ムラの面々は既得権益のために汲々としているだけだが、全体の構図は倫理的に絶望的な状況だ。広島・長崎・福島を経験した日本がなぜ大惨事のリスクを国内だけでなく、海外にまで広げなければならないのか。

ドイツの思想家ベンヤミンは、クレーの絵に仮託して歴史をこう描写した。歴史の天使は目を見開いて過ぎ去っていく破局を凝視しながら、後ろ向きに未来に押し流されていく。技術と進歩の強風で翼をたたむことができない。

☞ヴァルター・ベンヤミン「歴史の概念について」、『ベンヤミン・アンソロジー』所収、河出文庫。二〇一一年。

●語られぬ体験(2015. 8. 27)

米国奴隷制の廃止から約七十年後、一九三〇年代に最後の生き残り世代に聞き取り調査が行われた。二千人以上の黒人が対象の国家事業だ。近刊のE・バプティスト著『半分は語られなかった』(未訳)は他の一次資料も駆使して、最底辺を生きた人々の体験に迫る。

家族から突然引き離されて競売にかけられ、深南部の綿花プランテーションで強制労働と拷問に耐えた人々の物語で、迫真の叙述は一人称の語りに近づいていく。専門書だが、衝撃的な内容で一般読者の反響も大きい。

十九世紀前半の米国の奴隷制は、企業家精神や利潤計算や金融仲介等からなる市場原理に基づいたもので、この制度こそ綿を当時の世界商品にしたのだ。暴力と恐怖の「鞭のテクノロジー」が半世紀間に労働効率を四倍に高めたという。

現代の市場経済をこの制度から分かつのは、「生身の人間は商品化できない」という公準だけだ。逆に、現代の商品化は労働力や技能から、人格や感情や意欲に、さらに公共財や生殖機能や臓器にまで及んでいる。

表舞台で脚光を浴びる人々の行状や口跡だけでは歴史や社会の半分しかつかめない。統計数字も使い方次第で目を欺く。ブラック企業やアマゾン社の陰惨な職場に関する報道も、語られない体験の氷山の一角と理解すべきだ。

☞ Edward E. Baptist, *The Half Has Never Been Told: Slavery and the Making of American Capitalism*, Basic Books, 2014.

アマゾン本社の職場における競争原理と恐怖支配に関するニューヨークタイムズの一面記事は大きな反響を呼んだ。

Jodi Kantor et al., "Inside Amazon: Wrestling Big Ideas in a Bruising Workplace," New York Times, Aug. 15, 2015.

◉歴史の謝罪（2015. 10. 22）

今年七月、ローマ法王は訪問先のボリビアで歴史的な演説を行った。強欲の神に仕える資本主義や大企業中心のグローバル化を厳しく批判し、途上国の多様な民衆運動を鼓舞し、そこに未来を託したのだ。

批判の激しさと変革の情熱は、方法は正反対でも、この地で斃れた革命家ゲバラと共通するものがある。南米出身の法王には、米国追随や緊縮財政やある種の自由貿易が、社会の底辺の人びと、「この惑星の忘れられた周縁」には暴力と貧困を意味することが身に染みて分かっている。

この演説で南米征服の歴史と教会の加担を謝罪していることに注目すべきだ。十六世紀のある司教の内部告発の書、『インディアスの破壊についての簡潔な報告』（岩波文庫、一九七六年）は酸鼻を極める大量殺戮の記録だが、教会の責任は免れない。

なぜ、数百年前の暴虐を謝罪するのか。それは一九六〇年代以降に、米国支援の軍事独裁政権が南米で次々に成立したように、負の歴史を直視しない限り、再び圧政と暴力を許してしまうからだ。

人種差別がある限り、英米は奴隷制の責任と賠償の問題から自由になれない。戦争と手を切らない限り、日独は戦争責任を払拭できない。現役世代は加害者でないから責任や賠償の義務はないといった議論は成立しない。歴史の謝罪とは将来への誓約と考えるべきだ。

●犯行の再演と追体験（2015. 10. 29）

ちょうど五十年前、インドネシア全土で大量虐殺が行われた。犠牲者は五十万人以上といわれる。反乱鎮圧を口実に、エリート部隊を率いるスハルト少将が大統領から実権を奪いとり、反米左翼勢力を大量粛清したのだ。米国の関与を疑わせる状況証拠があるが、真相は藪の中だ。この「ジャカルタ・シナリオ」は一九七三年のチリのクーデターでも繰り返される。

左翼への憎悪を煽り立てられたインドネシアの民衆は、民兵組織などで大量虐殺に手を貸した。その後、粛清を主導した軍人らが国家の要職を占め、実際に手を下した者は英雄扱いとなる。異論は暴力の恐怖で沈黙させ、子供達には学校教育で粛清を正当化する。

少年犯罪などを反省させるために、被害者を立ち会わせて本人に犯行を再演させるという手法がある。暴力を振るった状況と感情を追体験させるわけだ。最近公開されたJ・オッペンハイマー監督の二作品はこれをドキュメンタリー映画に応用したものだ。一作目『アクト・オブ・キリング』の主役は嬉々として犯行を再演してみせた老年のヤクザだが、ようやく国民レベルで追体験と責任追及が始まろうとしている。

だが真に反省すべきは、この事件を黙殺し、スハルト独裁の腐敗したクローニー資本主義を三十年以上にわたって利用した、日本を含む西側諸国ではないのか。

☞ジョシュア・オッペンハイマー Joshua Oppenheimer は米国生まれの映画監督。インドネシアの虐殺に関する映画は次の二作。The Act of Killing, 2012; The Look of Silence, 2014.

◉陳腐でラディカルな悪（2016. 1. 7）

H・アーレント『イェルサレムのアイヒマン』は、大虐殺を実行したナチス元高官の裁判を題材に現代の悪を論じたもので、副題の「悪の陳腐さ」は余りにも有名なことばだ。

最近もアイヒマンは確信犯なのか、歯車に過ぎないのか、どう組織と個人へ責任を振り分けるか、傍観する「普通の人びと」を免責するべきかなどの論争が再燃している。

進歩や啓蒙の標語の背後で、二十世紀だけでも、戦争や強制収容所や無差別爆撃等の巨大な犯罪が繰り返されてきた。人類という種は邪悪な性向をもつもので、暴力と破壊の救いのない歴史が今後も続くことになるのか。国家対テロ組織の殺し合いだけではなく、グローバル市場がもたらす人権侵害や命の格差はどうすべきか。

S・ネイマン『近代思想における悪』（未訳）はアーレントの解釈として次のように言う。一人ひとりの意図や思惑、保身や現状追認が一つの仕組みに放り込まれて縒り合されると、巨大な力に変身して組織的な犯罪行為や重大な結果、つまり民族浄化や環境汚染や命の格差などを生み出す。ラディカルな（根源的な）悪とは極悪人の所業ではない。個々の陳腐な悪と重大な結果の間の懸隔を指すのだ。

水俣病の原因を隠蔽したチッソの経営者や技術者、原子力ムラの面々はわれわれと同じ小さな個人のはずだが、かれらの行為の結果を見よ。

☞ハンナ・アーレント『イェルサレムのアイヒマン』（みすず書房、一九六九年）。

『近代思想における悪』

Susan Neiman, *Evil in Modern Thought: An Alternative History of Philosophy*, Princeton Univ. Press, 2015

アイヒマンは果たしてアーレントが理解したような官僚機構の歯車に過ぎなかったかどうかをめぐって論争がある。アイヒマンはむしろ確信犯的ナチだったという議論は

Bettina Stangneth, *Eichmann vor Jerusalem: Das unbehelligte Leben eines Massenmörders*, Arche Literatur Verlag AG, 2001; english translation: *Eichmann Before Jerusalem*, Alfred A. Knopf, 2014.

●ドイツの母親（2016. 9. 8）

ベルリンの瀟洒な脇道に小さな美術館がある。二十世紀初頭から画家・版画家として活躍したケーテ・コルビッツの作品を展示している。医師の夫が開業したベルリン労働者地区での経験から、貧困

に耐えて子供を慈しむ母親が作品のモチーフとなるが、次男の戦死などを経て反戦志向を一層強めていく。戦間期の鮮烈な反戦ポスターや、小品ながら数人の母親が寄り添って子供を守り抜く姿の彫像などが強い印象を残す。コルビッツは結局ナチスに退廃芸術の烙印を押され、作品も空爆で多くが失われたが、生涯を通して普遍的な母親像を追及した。

つい最近、ドイツの劇的な地方選挙があった。メルケル首相の中道保守の与党がお膝元の州で新興の極右政党ＡｆＤの後塵を拝したのだ。優しい「メルケル母さん」は中道左派との大連立などで国民の統合に成功してきたが、難民受け入れはドイツの国是、欧州の理念とする首相への反感が国民の間で広がっている。

これを利用するのが難民排斥・反イスラムのＡｆＤで、代表者の一人はまだ四十代の絵に描いたようなキャリア・ウーマンだ。首相と同様に旧東独出身で、化学の博士号を持ち、ロンドンのシティ勤務を経て、四人の子供を育てながら起業と政治にいそしむ。だが、難民の子供たちはどう生きればよいのか。

労働・雇用・生活

◉同意の生産（2013. 2. 26）

一九七〇年代半ば、ある社会学の大学院生がシカゴ近郊で機械工として働いていた。工場では、上からのノルマをいかに手早く達成するかという競争ゲームの職場文化があったという。労働者は製品を生産するだけでなく、経営への同意も生産するわけだ。この体験は後に現代社会学の古典、ビュラオイ著『同意を生産する』（未訳）に結実する。

日本では同じ頃、ＴＱＣと称する品質改善運動が広がっていた。社長の命令一下、職場ごとに目標を定めて競わせ、最後に全社のプレゼン大会で報告する。従業員には、転職が事実上不可能な状況のもとで、自発性を強制される苛酷な体験となる。ＴＱＣは「とても苦しい」の略語と皮肉られた（徳丸壮也『日本的経営の興亡』ダイヤモンド社、一九九九年）。

グローバル化と低成長への移行で、日本的経営は九〇年代に大転換を余儀なくされる。会社への忠誠と終身雇用の贈与交換が維持できなくなり、定型的労働と低賃金の市場交換（非正規雇用）か、疑わしい企業文化で若者を洗脳したり、対価なく会社への忠誠だけを要求するブラック企業が跋扈する。正社員もアベノミクスの解雇規制緩和でがけっぷちに立たされている。

　だが、人を使う側はどう働く者の意欲を引き出そうとするのか。日本の経営者は同意の生産という難問にまだ答えを見出していない。

☞『同意を生産する』
Michael Burawoy, *Manufacturing Consent: Change in the Labor Process Under Capitalism*, Univ. of Chicago Press, 1982.

◉顔の見える労使関係（2014. 1. 30）

　先日、出版労組の討論集会で労働運動の一端を垣間見る機会を得た。出版社の編集者などの労組で、約百名の代表者が集まった。参加者には女性と若者が多く、賃上げ以外にも子育てや労働時間などの切実な問題が議論された。

　非正規の分科会で伺った興味深い話だが、派遣社員を物件費扱いしてきた経営者が、労使交渉に現れた当人を相手に、さすがにモノ扱いはできずに態度を変えたという。

　同じことが異色の研究『不況時になぜ賃金は下がらないか』（未訳）でも報告されている。著者T・ビューリーは米国の不況期に三〇〇人以上の関係者（経営者・労組員・失業者等）にこう尋ねた。「多くの失業者がいるのになぜ企業は思い切った賃下げをしないのか。」

　市場原理が支配するかに見える米国でも、関係者は労働力の需給以外に、社会的公正・労働者の意欲・職場の雰囲気等を考慮する。現場の賃金決定には、実践感覚のレベルで過度の商品化への嫌悪や社会的な連帯感などが組み込まれているのだ。ただし例外がある。パートなどの非正規部門では、公正や意欲などの話は一切聞かれなかったという。まさにモノ扱いだ。

人として扱われる、顔の見える労使関係こそ働く者の望みなのに、安倍政権は派遣法再改正等で非正規雇用の固定化に舵を切りつつある。

☞『不況時になぜ賃金は下がらないか』
Truman Bewley, *Why Wages Don't Fall During a Recession*, Harvard Univ. Press, 1999.

◉移民と棄民（2014. 3. 13）

内閣府の専門委員会が、百年後を見すえて毎年二十万人の移民受け入れを提案した。このままでは人口減少と労働力不足で、経済成長も経済大国の地位も危ういという。大手経済紙系列の調査が元ネタのこの提言には、経済優先・財界優先が貫かれている。専門技術者だけでなく、低賃金できつい仕事の介護・看護や単純労働も想定しているらしい。

だが、ヘイト・スピーチがまかり通り、多文化主義など到底不可能な日本で、外国人比率が数%になれば二級市民化やゲットー化、日本人の側の排外主義の跋扈は自明ではないか。六〇年代から外国人労働力を受け入れたドイツでは、トルコ人を目の敵にするネオナチが地方議会に進出しただけでなく、連続殺人事件まで引き起こした。労働力を輸入すれば人間がやってくる。人としての遇し方をまず考えるべきではないのか。

移民や人口政策など、国家や財界が国民や労働力を扱うやり方には要注意だ。かつて満蒙開拓団がどう国家に捨てられたか、水俣病患者や震災・原発事故の被災者や基地を強いられる沖縄の人々がどう犠牲になってきたか、財界がどう低賃金で不安定な非正規層を利用してきたか、棄民の例は多くある。避難計画も満足にない原発隣接地域で、いざ事故が起きれば棄民は必然の結果でもある。

●就業力のトリック（2014.4.3）

就業力とは「雇いやすさ」に相当する英語からの翻訳で、企業に雇われるための能力を意味する。リーマン・ショックで新卒の就職率が急落したのを受けて、文部科学省は二〇〇九年度の白書で初めて就業力を取り上げ、翌年に各大学に「就業力育成事業」を促した。

英語では雇う側の企業が意味上の主語だが、訳語では学生が主語になる。自己啓発セミナーなどでは、さらに就業力は内面化して就活の心構えに近くなる。己を見極めて市場の求める能力を開発すべきで、就職できないのは自己責任というわけだ。だが、肝心の中味があいまいだ。かつて就業力とは素直な性格だという解説に驚いたことがある。

自己革新で時代の要請に応えるべきだとするこの道徳律は、勤労者向けの企業家精神だ。キャリア形成は、人的資本を蓄え、就業力を高めて、栄達を追求する個人事業となる。文科省や就職産業は新道徳を学生に吹き込むが、かれらも受け身で洗脳されるだけではない。多くの学生は、就活のつらい経験の中で就業力のトリックに気が付いていく。架空のボランティア体験を面接でアピールする強者もいる。困るのは自己啓発を真に受ける学生だ。

市場と企業がなければ現代社会は維持できない。だが、市場や企業に追い立てられるよりもっと意味のある人生があるはずだ。

◉職場統治（2017. 4. 20）

一九七〇年代初め、国鉄（ＪＲの前身）の職場は荒れていた。経営側の無理な生産性向上運動への労組の反撃が「成功しすぎた」ために、職場統治に真空状態が生じて、最強労組の国労も問題視した労働規律の崩壊が生じていた。遅刻・早退・欠勤、暴力的な職場団交、既得権益化したカラ出張等々。これが国鉄解体、国労凋落の伏線となる。

一九八七年に国鉄は分割民営化されＪＲとなるが、背景は複雑だ。累積赤字で揺らぐ公共事業体の使命、顧客無視の泥沼の労使関係への批判、民営化や小さな政府といった政治理念、退潮する革新勢力等が絡み合って、下からの日本型新自由主義を醸成する。

この中で井手正敬氏らの若手三人組が国鉄内部の「宮廷革命」を成功させ、ＪＲ各社の経営中枢に就くことになる。

だが、井手商会といわれたＪＲ西日本の「もの言えぬ企業風土」や、人権侵害に近い運転士への懲罰的な「日勤教育」が二〇〇五年の福知山線事故を引き起こしたとして、同氏らの刑事裁判は最高裁に上告中だ。民営化で経営側が握った職場統治が逆の極端に振れたわけだ。

富裕層のための超豪華列車と地方の赤字路線の切り捨てが現在のＪＲを象徴する。労組の役割は経営のチェックや労使関係維持に留まるのか、それとも労働運動は何らかの普遍的価値を提起できるのか。

◉下請労働報告書（2017. 6. 8）

一九六〇年代半ば、米国の大学院生がビジネスモデルを思いついた。途上国の低賃金工場に発注して、欧米で高級品として売れれば大儲けできるというのだ。運動靴などの世界ブランド、ナイキはこうして大成功したが、盲点があった。

旧来の考え方では、発注元は下請内部まで責任を取る必要がないはずだが、商品イメージは児童労働や苦汗工場で大きく損なわれる。実際、下請の苛酷な労働実態が報道されると、企業責任を否認していたナイキの経営トップは、非難の声の広がりに労働条件の監視と改善の約束に追い込まれた。

電子機器のアップル社も中国の下請工場の事故で安全性軽視を非難されると、工場リストの公表に踏み切った。同様に、四年前のバングラデシュ雑居工場ビルの倒壊で千人以上の犠牲者が出ると、世論の圧力で、世界のアパレル大手は下請け労働改善の協約などを結び、協力工場の公表を始めた。

記者への恫喝訴訟や黒い職場統治で悪名を馳せたユニクロも、この事故で世界の潮流に気がついたらしい。ようやく今年から下請工場を公表し始めた。

だが、こんなリストでは労働実態は全く不明だ。投資家に連結財務諸表が不可欠なように、消費者には下請労働の実態報告書などで商品がどう生産されたかを知り、血で汚された商品を拒否する権利があるはずだ。

Ⅵ 展望

正義と責任

◉責任倫理（2011. 3. 24）

今回の原発事故とリーマン・ショック前後の金融危機は驚く程似ている。百年に一度とか千年に一度の「想定外」リスク、幾重もの安全装置の同時破綻と泥縄の対応、批判を受けつけない集団思考、政・官・業・学の各界の既得権益、等々。もちろん金融危機はとばっちりだが、核の危機は日本発でずっと深刻だ。

二つの危機の背後には、本来予想できない事態の得失を無理矢理、確率的な大きさとみなす考え方がある。公共事業や原発評価のための費用・便益分析や金融工学もそうだ。一見科学的だが錯覚に過ぎない。たとえば、予知できない原発事故が引き起こす放射能汚染のコストをどう測ればよいのか。事故が起きる確率分布はあてにできず、費用と便益も恣意的操作が可能だ。原子力や金融制度は保険で対応できる個人的リスクの問題ではなく、経験的に便益と費用をなんとか推定できるわけでもない。

システム破綻の場合や子孫を含む無数の人々の命を危険に曝す原発事故には別の考え方が必要にな

る。どんなに起こりそうになくても、起きてしまったら取返しがつかない事態に確率計算は無用だ。同胞と未来の世代への一方通行の責任が正しい答え方だ。原発事故はわれわれ自身や子供達の命と生活へのリアルな脅威なのだ。これが新しい倫理と真に現実的な政策の出発点になる。

☞福島原発事故が起きた時、直ぐに想起したのはハンス・ヨナスの『責任という原理』（東信堂、二〇一〇年）だった。従来の正義論の射程には入らない問題――生命科学や巨大科学技術の倫理的意味、将来世代への責任など――に先駆的に取り組んだヨナスの思想は、ますます重要性を増している。後出のコラム「科学技術と慎慮」（2016. 2. 18）や「反核保守」（2012. 9. 13）も参照。

●情報平等性（2012. 7. 19）

国内外から金融不祥事の報道が続いている。国内三大証券のすべてがインサイダー取引に関与していたことが最近明るみに出た。マル秘の企業情報を提供して、株取引で一部の得意先などに不正に儲けさせたという。海外からは、世界中の五百兆ドルもの金融取引の基準となる「ロンドン銀行間取引金利」が不正に操作されていたという報道が引きも切らない。

だが、なぜインサイダー取引や金利操作が不正で違法なのか。情報伝播の観点からは、これらは複雑な波紋を金融システム全体に広げるはずで、だれがどの程度損失を被るのか判然としない。当事者以外にも間接的に利益を得るものもいるはずだ。また、必ずしも投資家が金融システムや株式市場への信頼を失うとは限らない。

むしろ、大方の論調にはこれらの不正の効果よりは、不正な行為そのものを指弾するものが多い。それは、投資家には正しい情報が平等に提供されてしかるべきだという公準を暗黙の内に前提としているからだ。これは市場原理とは起源を異にするもので、歴史的にみても一九三〇年代の米国ニューディール改革を発端とする。

資産や所得の平等性の前に、投資家だけに情報平等性を確保しようという考えは、「歪曲されないコミュニケーション」という理念を遠く指し示している。

●原初状態（2015. 2. 12）

なぜ格差（所得・資産・機会の不平等）はいけないのか。ジョン・ロールズ『正義論』は社会契約論の立場から答えを書いて脚光を浴びた。自分にしか関心がない個人が一堂に会して社会制度を設計するとする（原初状態）。新しい社会で境遇・能力・所得等はどうなるか分からないとすれば、最底辺に落ちても苛酷な目に合わないような形で合意が図られるはずだ。この限りで格差は許されることになる。

だがこの議論には難点が多い。まず、格差の正当化に使われる。保守派の格差肯定論は、累進課税や再分配をすれば、「できる」人たちのやる気が失われて成長や革新の芽を摘んでしまうなどという。さらに、戦乱の中東や疫病のアフリカで人道援助がなぜ必要か、ロールズは答えない。国の内外で正義の二重基準が生じることになろう。

異色の哲学者ジェラルド・コーエンは、正義を社会制度に限定するのは誤りであり、個々の行為まで問題にするべきだと批判し、格差肯定の「やる気」論は人質と引換にカネを要求するのと同じだと断ずる。

生まれついた境遇は選択の結果ではない。中東やアフリカの子供達の苦しみや人生の機会喪失はかれらの責任ではない。こういう直感、自然な共感や想像力が原初状態という理論的トリックの背後にあったはずだ。個人レベルの共感を社会事業や国際的連帯へ展開する別の道を探すべきではないか。

☞ジョン・ロールズ『正義論』矢島鈞次訳、紀伊国屋書店、一九七九年、『正義論』改訂版、川本隆志訳、二〇一〇年、紀伊国屋書店。

Gerald Cohen, *Incentive, Inequality and Community: the Tanner Lectures on Human Values*, Delivered at Stanford University, May, 21, 23, 1991; Gerald Cohen, *Rescuing Justice and Equality*, Harvard Univ. Press, 2008.

◉モニター・デモクラシー（2015. 2.19）

現代の代表民主制は難問を抱えている。欧州連合と傘下の国家、国と地方などの対立や軋轢が耳目を集めている。住民投票も首長や地方議会への異議申し立てだ。国民の生活と尊厳を守るために抵抗するギリシャ新政権に、欧州連合は頑なに緊縮財政・構造改革・債務返済を迫る。沖縄では利益誘導に抗して、三回の選挙で基地移設反対の民意が示されたのに、安倍政権は強行の構えだ。対話を試みようともしない。上位の政体（欧州連合や国政）は当事者（ギリシャや沖縄）の意思を暴力的に踏みにじってよいのか。

ジョン・キーンの浩瀚な『デモクラシーの生と死』は民主制を、神や歴史や国家や市場などの「大文字の真理」から解放された、平等を求める人々の生き方と捉え、現代の民主制を政治家や議会への不信に基づいて、リコールや説明責任の追及や討議型世論調査などの無数の装置で権力を監視・牽制するモニター民主制と考える。

　戦争やナショナリズムも難題だ。一九三〇年代の日本や欧州が示すように、この両者が結びつくと代表民主制はもろくも壊れて全体主義が跋扈する。われわれは歴史を直視しもっと謙虚に進むべきだ。原発再稼働、集団的自衛権行使、労働法制改悪など、選挙に勝ったから何でもできるなどという傲慢は民主主義に反するのだ。

☞ジョン・キーン『デモクラシーの生と死』上下、みすず書房、二〇一三年。

◉科学技術と慎慮（2016. 2. 18）

　技術や事業を判断する際に、利害得失を勘案して採否を合理的に決めるべきだという議論がある。最適エネルギー・ミックスや被曝線量のリスク計算などはこの考えの応用だ。

　だが、予測や制御がおぼつかない原発や生命科学の場合にはどうか。ナチスを逃れた哲学者ハンス・ヨナスは、科学技術の負の側面にいち早く注目し、エコ運動に大きな影響を与えた。ドイツの脱原発を論拠づけた『倫理委員会報告』は原発事故の不可逆性を指摘するが、ヨナスの主著『責任という原理』の影響が明瞭だ。『技術、医療及び倫理』（未訳）は先駆的な生命倫理の論文を含む。だれかの複製のクローン人間は、未知の人生を切り開く自由を奪われるから認められないという。

　政治哲学では、理性ある成人たちの社会契約や意思疎通行為で正義や熟議を導出するという筋立だが、ヨナスの議論では、自然環境や将来世代を損傷する力（科学技術）をもつ大人が、無力だが一人ひとりが新たな出発である乳児に直面する。関係は一方的で全面的な配慮でなければならない。

地球温暖化の進行やヒト受精卵にまで及んだ遺伝子操作の例は、「目標を知らないまま、刻々と進行してゆく過程」に巻き込まれたわれわれには、将来世代への責任があるというヨナスの正しさを逆に示している。

☞ハンス・ヨナス（一九〇三―一九九三）はドイツ生まれのユダヤ系哲学者。主著『責任という原理――科学技術文明のための倫理学の試み』（東信堂、新装版、二〇一〇年）などが邦訳されている。次の論文集は未訳である。
Hans Jonas, *Technik, Medizin und Ethik*, Insel Verlag, 1985.
コラムが言及する政治哲学とは、ジョン・ロールズの『正義論』とユルゲン・ハーバーマスの『コミュニケイション的行為の理論』を指している。

●ベーシック・インカム（2016. 6. 9）

先日、スイスで歴史的な国民投票があった。国民一人ひとりに、毎月約二七万円相当の所得を国が無条件で支給するベーシック・インカム（普遍的最低限所得保障、ＵＢＩ）の提案だ。大差で否決されたが、広範な議論の端緒が開かれた。

この数年でＵＢＩへの関心は欧州で高まり、小規模な社会実験の計画もある。米国の新興ＩＴ企業のトップらも推奨する。背景には、現場労働から管理職まで不要にする技術のＩＴ化で、低賃金の非正規雇用がますます増加し、富裕層の一人勝ちや中間層以下の賃金停滞や成長鈍化等により、資本主義が正統性の危機に瀕している現実がある。

確かにＵＢＩは女性や子どもの貧困を一挙に解決し、労働しない（できない）人にも人生設計や将来展望の機会を与える。勤労者が会社にしがみつくのも無用になる。だが、財源不足や国民の遊民化の問題より重大なのは、公共性や連帯が侵蝕される懸念だ。ＵＢＩと引き換えに、医療の国民皆保険のような福祉国家のインフラが廃止されれば、公共サービスは市場化されて、格差は逆に拡大する危険がある。

まさにこの点にこそ、福祉国家批判の超保守派や自己責任と最小国家を理想とするリバータリアンがＵＢＩに賛同してきた理由がある。ＵＢＩは極めて重要な政策思想だが、新自由主義の罠が口を空けている。

社会運動・コモンズ

●海はだれのものか（2012. 3. 1）

村井嘉浩宮城県知事が「水産特区」を主張して県漁協と対立している。東日本大震災を奇禍として、漁協が独占する沿岸の漁業権を企業に開放して効率化を図ろうというのだ。民間資本による水産業の大再編が狙いである。歩調を合わせて、昨年経団連や経済同友会も沿岸漁業の市場化・企業化の提言を出した。財界の視野にあるのは、世界市場を寡占支配するノルウェーやチリのサケの大規模養殖であろう。さらに証券化で漁業権売買が自由になれば、いつでも企業の参入と退出が可能になり、他産業（例えば原発）の立地にも便利だ。

だが営利事業としては成功しても、サケなどの肉食魚の大規模養殖は多くの問題を抱える。抗生物質が大量に使われたり、いけすを逃げ出して生態系を乱したり、糞が海底に堆積する。南米ペルーではサケの飼料生産のために小型魚が枯渇、飼料工場が環境汚染を引き起こしている。

日本の漁業権は伝統的な海の入会権（コモンズ）の法的表現だが、既得権益という非難に対して、地域の生態系を守りつつ、協業化や都市住民との連携によって伝統的共同体を開くことが求められている。「六次産業化」とは野放図な大企業による系列化ではないはずだ。

海はだれのものなのか。答えは大企業なのか。

●反核保守（2012. 9. 13）

約四十年前、ドイツでほぼ同時に二つの反核論が上梓された。ユダヤ系思想家ハンス・ヨナスの『責任という原理』とカトリックの哲学者R・シュペーマンの論文である。

両者とも進歩や技術への盲目的信仰を批判し、こう論じた。原水爆・原発の核の技術や遺伝子操作などは地球規模の予見不可能な副作用を及ぼしかねない。最悪の場合、将来世代の生存を危うくする。だが、乳飲み子はそこにいるだけで生存の権利を訴えている。未生の子孫にも健全に生きる権利がある。現役世代はかれらに一方的責任を負っている。これは意思疎通による合意や互恵を図る社会契約とは全く別の政治倫理である。

この思想は、チェルノブイリを経て、ドイツの反核・環境保護運動の底流となり、福島の事故で再浮上し、南西ドイツの州議会選での緑の党の勝利、首相メルケルの脱原発への方向転換、それを国民の合意とした倫理委員会などで大きな役割を果たした。

日本の保守というと、国益・国防を言い立てるだけの連中、対米追随を唯一の解とするリアルポリティーク派、破壊はするが創造しない市場原理派などの政治的保守や体制順応主義しかないのか。田中正造、宇井純、高木仁三郎、石牟礼道子等は少数派にとどまり、保守はかれらの思想と没交渉だったように見える。

☞ヨナスについては「責任倫理」(2011. 3. 24)、「科学技術と慎慮」(2016. 2. 18)、「反核保守」(2012. 9. 13)などを参照。シュペーマンの論文は以下の論文集にある。

Robert Spaemann, *Nach uns die Kernschmelze, Hybris im atomaren Zeitalter*, Klett-Cotta, 2011.

◉漁協、海のコモンズ(2013. 5. 16)

先月、水産業復興特区で漁協以外の企業に漁業権が初めて認められた。宮城県石巻の桃浦地区で、十数人の漁師が水産卸会社の援助で会社を立ち上げ、カキ養殖を始めるという。マスコミには改革の起爆剤として歓迎する論調が見られる。いわく、漁業は高齢化と魚離れに苦しんでいるのに、漁協が独占する漁業権は既得権益と化し、今や変革の障害だ。

濱田武士氏の近著『漁業と震災』(みすず書房、二〇一三年)は、日本漁業の歴史や地域性を踏まえた重厚な議論でこのような謬見を見事に打ち砕く。日本の沿岸漁業は、生産・環境保護・暮らし・文化継承が一体となった「生業」であるという。その原理は利潤追求ではなく、コミュニティの参加と協同である。漁村や漁協の多面的機能には、漁場保全・密漁監視・相互監視・紛争解決・海難防止などもある。漁協には、市場一辺倒であった経済学でも最近ようやく注目され始めたコモンズの特徴がすべて備わっている。

濱田氏は、生業の再生を目指す岩手県の復興計画を現実の理論とし、外部有識者中心の宮城県の計画を机上の理論と断ずる。ＴＰＰ（環太平洋連携協定）が破壊するのは農業だけではない。市場原理の導入によって漁村の人々が分断され、自然と人間の関係が断ち切られ、周辺海域は荒廃すると警告している。

◉千年の草原（2014.7.24）

阿蘇の広大な草原は、千年にわたって野焼き・放牧・採草などが行われ、「半自然草原」として維持されてきた。多様な植物の宝庫であり、生態・生産・生活が一体となったコモンズ（共有地・共有資源）の成功例だが、「阿蘇草原再生協議会」の高橋佳孝氏は、担い手の高齢化や相次ぐ離農で草原は現在危機に瀕しているという。

そこで、都市のボランティアが野焼きに参加したり、外部のＮＰＯが放棄地を買い上げて採草に乗り出したりするなど、外部との連携と協力が重要になるわけだ。さらに、草原は生態系・景観・文化遺産として国民が等しく恩恵を享受できる公共財であるとすれば、直接支払いや行政支援などで国や県が援助することも必要となる。

岩手大学の山本信次氏は「草刈十字軍」、「森林クラブ」、「東京の木で家を造る会」などの例を引いて、地元の手に余る各地の入会を、都市住民の森林ボランティアが開かれたコモンズへ変えてきたことを報告している。

コモンズとは持続可能な生業であり、本来、息の長いものだ。現代では生物多様性や生態系の維持という重要な役割が加わる。短期的視野しか持てない株式会社に第一次産業への参入を野放図に認めれば、グローバル化の圧力で環境や生態系や文化遺産は蚕食されてしまうことになろう。

☞高橋佳孝「多様な主体が協働・連携する阿蘇草原再生の取り組み」、『大原社会問題研究所雑誌』№６５５（特集・社会運動としてのコモンズ）二〇一三年五月号。

◉危機のコモンズ（2015.6.4）

原発事故以前の福島県飯舘村は、自ら多くの事業を企画・実行してきた生産と生活の地域共同体だった。農業資源・自然環境を共同管理し、ブランド牛や新種野菜の開発、農家民宿、若妻の欧州研修旅行等の多彩な事業を展開し、共有資源と全員参加の統治を特徴とする現代のコモンズだった。利潤追求の市場原理とも、国・県主導の計画とも異なる生業の原理だ。

だが、放射能汚染と全村避難で飯舘村は引き裂かれる。一方で、帰還を諦めて東電に謝罪と損害賠償を求める動きがある。昨年、村民の半数近くの約二千八百人が裁判外紛争解決手続きの申し立てを行った。他方、なんとか汚染を乗り越えて村で農業を再開したいとするグループもある。両者とも前途多難だ。

危機のコモンズを「大規模な産業災害や環境汚染を引き受けざるを得ない立場に置かれた人々の共同体」とすると、半世紀以上の苦難に満ちた水俣病闘争がその範例になる。今回のかたくなな政官財の対応も水俣病の場合とそっくりだ。長期の公害闘争の覚悟が必要になる。

沿岸漁業の生業を基に、中国電力の原発計画に長年抵抗を続けてきた山口県祝島の人々も高齢化を避けられない。飯舘村や祝島は、国と企業の権益複合体が地域の人々に押し付ける不条理と困難を最先端で引き受けている。

☞竹田茂夫「危機のコモンズの可能性」、大原社会問題研究所雑誌№655、二〇一三年五月。同、「危機のコモンズの動態：初期水俣病闘争の考察」、大原社会問題研究所雑誌№671、二〇一四年一〇月

◉反原発の社会運動（2015. 12. 24）

世論調査を行えば脱原発派が推進派を圧倒するのに、現政権の原発再稼働や原発輸出政策に政治的に抗う術はないかのように見える。

だが、司法の面では各種の民事訴訟（損害賠償や株主代表）が全国で起こされているだけでなく、東電旧経営陣の刑事責任についても、検察の不起訴処分をはねかえして検察審査会が強制起訴を議決した。大飯や高浜の原発運転差し止めの判決や決定も出た。原発訴訟を引っ張る河合弘之弁護士の情報共有と協力要請の呼びかけに、三百名を越える弁護士が応じたという（『原発訴訟が社会を変える』集英社、二〇一五年）。沈黙する国民を「注視する公衆」へ、さらに物心両面で裁判闘争を支える支援者に変えていくのは社会運動の役割だ。

反原発運動のもう一つのベクトルは「生業の論理」に求めることができる。近刊の猪瀬浩平氏『むらと原発』（農山漁村文化協会、二〇一五年）は、文化人類学者の視線で一九八〇年代の高知県旧窪川町の反原発闘争を透視する。伝統的な生活と生産の地域共同体やコモンズやそこに定住する人々のイメージから離れて、多様な生活史をもつ魅力あふれる人物が、外界の雑多な人々と交錯しつつ、保守派

を取り込んでしたたかに反原発運動を展開するさまを活写する。窪川町は決定的なむらの分断を招くことなく原発問題を「もみ消す」ことに成功したという。

◉モラルエコノミー（2017. 6. 29）

半世紀以上も前に、社会運動史の傑作が出版された。E・P・トムスン『イングランド労働者階級の形成』は動乱の産業革命期に、労働する民衆が市場経済の破壊的作用や支配層の抑圧に耐えて「五十年にわたって…不屈の精神をもって自由の木」を育てた多様な経験に肉薄する。独学の職人や貧窮の労働者らのユートピア願望や機械打ち壊しや宗教的熱狂などの歴史の袋小路から、民衆の大義を救い出そうという試みだ。

道徳経済（モラルエコノミー）とは、市場原理を自然法則と捉える経済学主流や快楽・苦痛計算の功利主義に抗して、雇用や生存賃金を要求する実践感覚であり、集団的記憶に刻まれた共同体倫理だが、将来に実現されるべき公正な経済原理をも指し示す。現代の不安定就労批判や「生活賃金」要求にも通じる。賃金とパンの価格は釣りあっているべきだという議論はどの時代にも通用する。

トランプ政権を成立させたのは大衆の反乱だが、ファシズムへの危険な傾斜の中にさえ道徳経済の萌芽を見出すことができる。

市場原理をいまなお信仰する者もいれば、経済学の倫理的基礎を求めて、象牙の塔で心理学や大脳生理学や仮設的ゲームに退行する者もいる。

だが、必要なのは新自由主義やファシズムの荒廃の先の新たな道徳経済のビジョンなのだ。

☞トムスンの原著は一九六三年に出版された八百五十頁の大冊である。

E. P. Thompson, *Making of the English Working Class*, Littlehampton Book Services Ltd, 1963.

翻訳はエドワード・P・トムスン『イングランド労働者階級の形成』青弓社、二〇〇三年。

その後、トムスンはモラルエコノミーの主題に関して長大な論文を二つ書いているが、二つとも次の書物に収められている。

E. P. Thompson, *Customs in Common: Studies in Traditional Popular Culture*, The New Press, 1993.

著者略歴

竹田茂夫（たけだ・しげお）

1949年、東京生まれ。

一橋大学大学院経済学研究科博士課程修了。

ニューヨーク州立大学Ph.D.

現在、法政大学経済学部教授。専攻は理論経済学。

著書に、『現代資本主義とセイフティ・ネット』（共著・法政大学出版局）、『信用と信頼の経済学——金融システムをどう変えるか』（NHKブックス）、『思想としての経済学——市場主義批判』（青土社）などがある。

PP選書

市場・国家・資本主義

——東京新聞『本音のコラム』から

2018年1月25日　初版第1刷発行

著者……竹田茂夫

装幀……臼井新太郎

発行所……批評社

〒113-0033 東京都文京区本郷1-28-36 鳳明ビル

電話……03-3813-6344　fax.……03-3813-8990

郵便振替……00180-2-84363

Eメール……book@hihyosya.co.jp

ホームページ……http://hihyosya.co.jp

組版……字打屋

印刷……㈱文昇堂＋東光印刷所

製本……鶴亀製本㈱

ISBN978-4-8265-0674-8 C0036